OMA
für
Anfänger

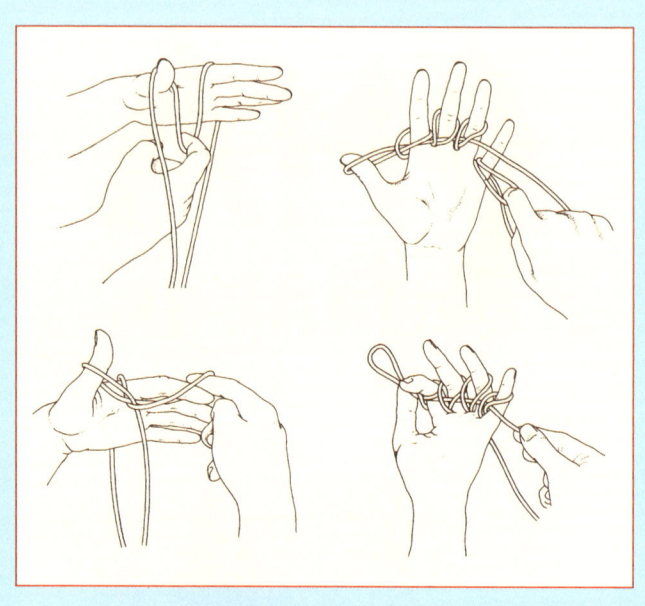

Geertje Gort • Frank van Ark

unter Mitwirkung von Jack Botermans

OMA
für
Anfänger

61 Ideen, um Enkelkinder zu verwöhnen

LAPPAN

INHALT

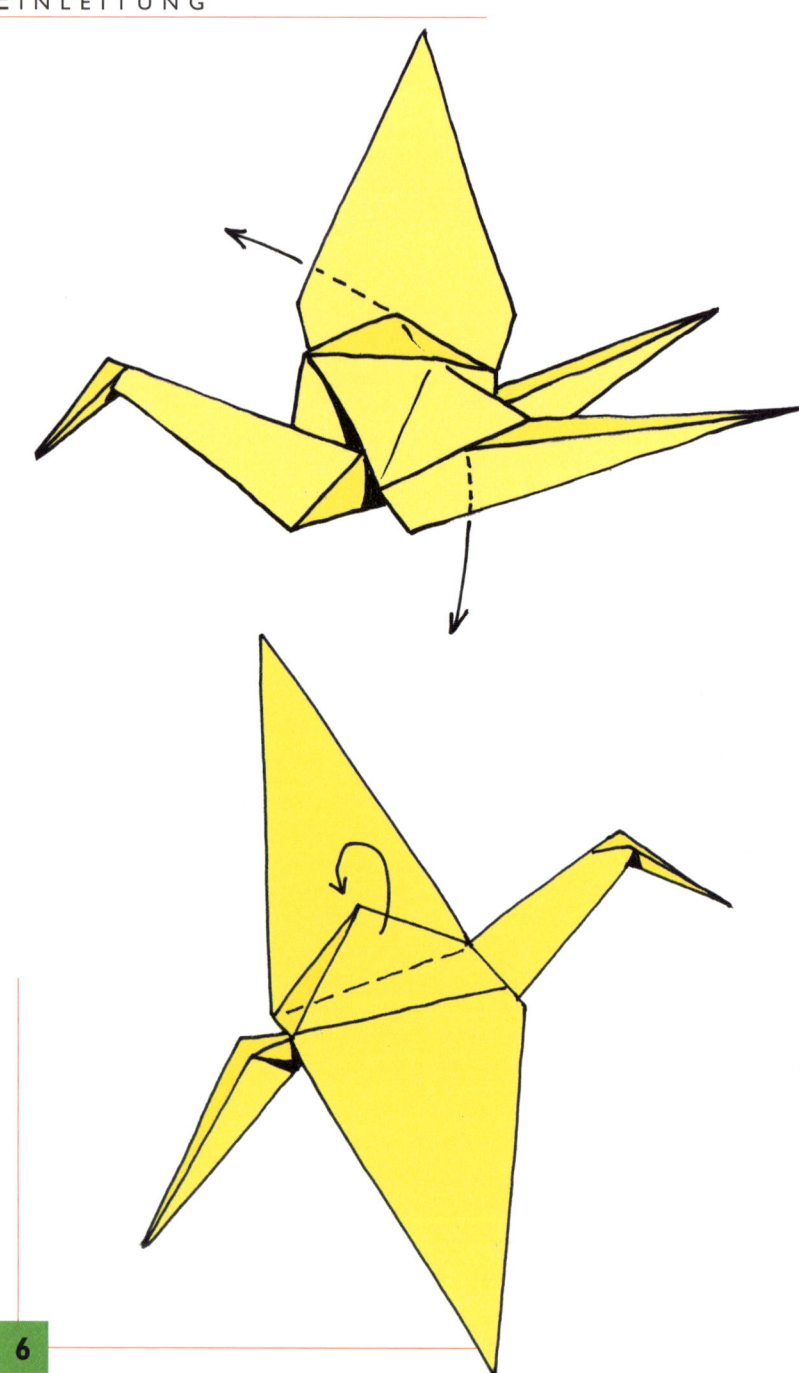

OMA FÜR ANFÄNGER

6 Arten, deine Enkelkinder zu verwöhnen

Es ist schlichtweg herrlich, dass es sie gibt. Vor allem, weil wir sie so wunderbar verwöhnen können! Das mag zwar nicht besonders pädagogisch sein, doch was soll's! Erziehungsbücher werden ja für Eltern geschrieben und nicht für Omas, stimmts? Natürlich kannst du mit deinen Enkeln im Laufschritt zum Spielwarenladen oder zum Imbiss gehen, aber viel schöner ist es, mit ihnen Spiele zu spielen und Basteleien zu machen aus deiner eigenen Jugendzeit. Die Zeiten waren anders, die Umstände magerer, aber trotzdem hatten wir viel Spaß. Und das Interessante ist: Man brauchte dafür nichts Spezielles. Das ist auch heute noch so, denn fast alles hast du bereits zu Hause. „Basteln mit wertlosem Zeugs", hieß das zu unserer Zeit. Ich halte es damit: Was du ihnen kaufst, das haben sie in fünfzehn Jahren vergessen, doch was du mit ihnen machst oder anstellst, das behalten sie ihr ganzes Leben.

Da ist nur ein kleines Problem: Wie war das noch? Wie gingen noch gleich die Spielregeln? Wie war das mit der Faltanleitung?

Dieses Buch erklärt noch einmal alles, sodass alle zukünftigen und neuen Omas gut auf ihre neue Aufgabe vorbereitet sind.

WAS OMA ZU HAUSE HABEN SOLLTE

Was brauchst du so alles, um eine Superoma zu werden?

Für jeden Punkt in diesem Buch sind Werkzeug und Materialien angegeben. Was aber nicht bedeutet, dass du jedes Mal ins Geschäft laufen musst. Unten sind Werkzeug und Materialien aufgelistet, die man im Allgemeinen zu Hause hat und die in diesem Buch häufig vorkommen.

(Acryl-)Farbe	Bunt-/Bleistifte
Aluminiumfolie	Knöpfe
Kugelschreiber	Perlen
Cocktailpikser	Kreide
Krepppapier	Streichholzschachteln
Eierkartons	Messer
Gummibänder	Nadeln
Garnrollen	Papier
Garn	Büroklammern
Glasbehälter	Pinsel
Bastelleim/Kleber	Locher
Taschenmesser	Klebeband
Pappe	Plakatfarbe
Schaschlikspieße	Textilkleber
Schere	Schnur

Schuhkartons
Schüsselchen
Servietten
Kartenspiele
Nägel

Filzstifte
Wasserfarben
Watte
Wollreste

HIMMEL UND HÖLLE

Benötigt werden:
Gehweg
Holzklotz
Kreide

Der erste Spieler geht an die Startposition und wirft
oder schiebt den Holzklotz in das erste Kästchen.
Jetzt muss, auf einem Bein hüpfend, das Klötzchen
in das zweite Kästchen gelegt werden. Danach wird
in das dritte Kästchen gesprungen.
Und so geht es immer weiter, bis
in den Himmel. du scheidest aus,
wenn du mit den
Füßen die Linie
berührst, wenn
das Klötzchen
die Linie berührt
oder wenn es im falschen
Kästchen landet. Dann kommt
der andere Spieler an die Reihe.
Danach bist du wieder dran
und darfst an der Stelle
weitermachen, an der du
gestrandet bist.

Liegt das Klötzchen in Lebendig, springst du mit beiden Füßen und einer halben Drehung in das Kästchen Tod. So, dass du den Rückweg antreten kannst. Mit dem Klötzchen in der Hand hüpfst du nun folgendermaßen zurück: auf Lebendig, in Kästchen 7, Kästchen 4 und Kästchen 1 stehst du jeweils auf einem Bein. In den Kästchen 8 und 9, Kästchen 5 und 6 und Kästchen 2 und 3 stehst du jeweils breitbeinig mit einem Fuß auf jeder Nummer.

WASCHLAPPENPUPPEN

Benötigt werden:
Waschlappen
Nadel und Faden
Wollreste
verschiedene Flicken
Knöpfe und Perlen
Filzstifte
Textilkleber
Papier
Schere

Das gute alte Puppentheater ist noch immer ein
Favorit bei den Kindern, allen Computerspielen
zum Trotz. Also basteln wir Puppen für das
Puppentheater, und die Enkel können nach
Herzenslust mitmachen.

Es ist vielleicht eine gute Idee, sich zuerst
gemeinsam ein Thema auszudenken. Der große Zoo,
Hänsel und Gretel, Max und Moritz – oder etwas
Ähnliches aus den guten alten Zeiten.

Wie die Puppen aus Waschlappen gefertigt werden,
das spricht so ziemlich für sich. Knöpfe und Perlen
dienen als Augen. Aus Flicken wird der Mund
geschnitten. Zwei Waschlappenzipfel können,
abgebunden, die Ohren sein. Aus Wolle oder Garn
wird das Haar gemacht.

Die Augenklappe für den Seebären nicht vergessen.
Und: Stoppelbart mit Filzstift für den Gauner oder
Schlafmütze, Brille und Tabakpfeife für Lehrer
Lämpel. Ein Comic-Heft oder ein Bilderbuch liefert
dir die nötige Inspiration.

ABZÄHLREIME

Wenn zum Spielen zwei Gruppen gebildet werden
sollten, wurden früher oft Abzählreime benutzt,
um erst einmal die beiden Anführer auszumachen,
die dann ihrerseits weitere Abzählreime benutzten,
um mehr oder weniger zufällig die Mitglieder ihrer
Gruppen auszuwählen.

Beim Abzählen wird bei jedem Wort, bei jeder Silbe
oder auch nur bei jeder betonten Silbe der Reihe
nach auf eines der im Kreis stehenden Kinder gezeigt
und das Kind, auf das bei der letzten Silbe des
Reims gewiesen wird, ist damit als Anführer oder
Gruppenmitglied bestimmt.

An manche dieser Abzählreime erinnern wir uns
noch:

> *Ene, mene, miste,*
> *was rappelt in der Kiste?*
> *Ene, mene, meck,*
> *und du bist weg.*

Oder:

> *Ene mene muh,*
> *raus bist du!*
> *Raus bist du noch lange nicht,*
> *sag mir erst wie alt du bist ... (Zahl sagen. Danach*
> *wird das Abzählen um diese Zahl verlängert: eins,*
> *zwei, drei ...)*

Einer der bekanntesten Abzählreime lautete:
Eins, zwei, drei, vier, fünf, sechs, sieben,
eine alte Frau kocht Rüben,
eine alte Frau kocht Speck,
und du bist weg.

Und etwas frechere Verse gab es natürlich auch:
Eine kleine Dickmadam
zog sich eine Hose an.
Die Hose krachte,
Dickmadam lachte,
zog sie wieder aus –
und du bist raus.

KARTOFFELSTEMPEL

Benötigt werden:
Große Kartoffel
Zahnstocher oder Cocktailpikser
Messer
Papier
(Wasser-)Farbe

Aus einer einfachen Kartoffel könnt ihr tolle und persönliche Stempel machen, z. B. mit den Initialen deiner Enkelkinder, mit einem schönen Monogramm oder einem einfachen Bild, mit dem ihr Briefpapier oder Karten verzieren könnt.

Schneidet die Kartoffel in zwei Hälften und kratzt mit dem Zahnstocher oder dem Cocktailpikser das gewünschte Bild (oder Buchstaben) aus. Die Buchstaben natürlich in Spiegelschrift! Schneidet die Oberfläche rund um das Bild mit einem Messer weg; der Stempelteil braucht nur ungefähr einen halben Zentimeter hoch zu sein. Fertig ist der Stempel. Färbt nun den Stempel ein oder verwendet ein Stempelkissen. Drückt den Stempel gleichmäßig auf das Papier. Voilà!

Abhängig vom Bild könnt ihr jetzt Weihnachtskarten machen, Geschenkpapier entwerfen oder sogar einen Liebesbrief bedrucken.

Ein schöner Effekt entsteht, wenn man den Stempel mit zwei oder drei Farben gleichzeitig anmalt.

BRAUNE BOHNE

Benötigt werden:
Deckelglas
braune Bohne
Watte

Erinnerst du dich noch, wie aufregend das früher war? Es war nicht wirklich Discovery Channel, aber schön war es trotzdem.
Lege eine Lage feuchte Watte in ein (Deckel-)-Glas und platziere obendrauf eine braune Bohne (hilfreich ist, wenn die Bohne bereits für eine Nacht in Wasser eingeweicht war). Jedes Mal, wenn dein Enkelkind kommt, schaut ihr nach, wie sich die Wurzeln entwickelt haben und wie der Stängel nach oben wächst.
Das nannten wir früher „Anschauungsunterricht". Auf die gleiche Weise kannst du Gartenkresse aufziehen. Das finden Kinder besonders gut, weil die auch noch essbar ist. Die Gartenkresse kannst du in Form eines Herzens ausstreuen oder auch den ersten Buchstaben des Namens deines Enkelkindes nehmen.

WIRBELKNOPF

Benötigt werden:
großer Knopf
Schnur oder Faden, ungefähr 1,25 m lang

Stecke die Schnur durch die zwei Löcher im Knopf und verknote die Enden. Halte die Schnur nun an den Enden mit den Händen fest und lasse den Knopf sich um sich selbst drehen, bis die Schnur verzwirnt und straff gespannt ist.
Bewege nun die Hände auseinander: Die Schnur wird sich entwirren und dabei den Knopf surrend zum Wirbeln bringen.

Ein toller Spezialeffekt ergibt sich, wenn du selbst einen „Knopf" aus fester Pappe oder Sperrholz anfertigst und diesen bunt bemalst.

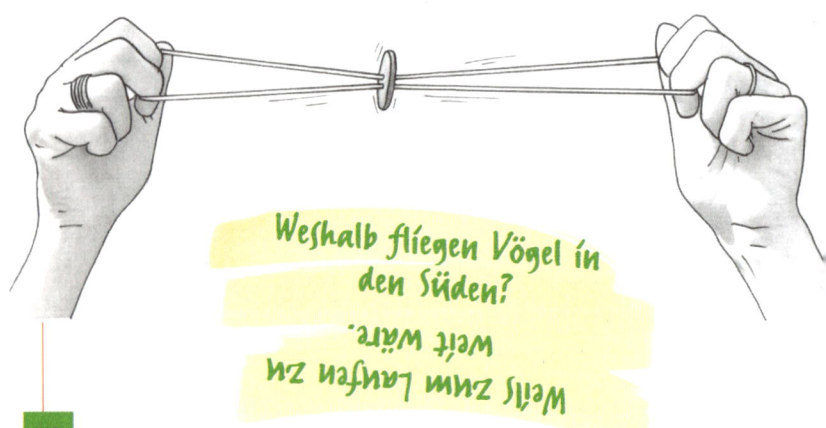

Weshalb fliegen Vögel in den Süden?

Weil's zum Laufen zu weit wäre.

FESTLICHE EISWÜRFEL

Benötigt werden:
Wasser (einfaches Leitungswasser)
rote oder schwarze Beeren
Apfelsinenschalenstücke
Minzblätter

Im Allgemeinen sehen Eiswürfel sehr gewöhnlich aus. Aber heute machen wir zusammen mit den Enkelkindern spezielle Festtagseiswürfel:

Ihr füllt die Eiswürfelbehälter aus dem Kühlschrank zu Zweidritteln mit Wasser und gebt bunte Dinge hinzu, zum Beispiel Rote oder Schwarze Johannisbeeren, dünne Scheiben Apfelsinenschale, Minzblätter, Weingummi oder ... nun ja, denkt euch was Schönes aus. Essbar soll es sein und nicht sofort schmelzen, bevor das Wasser im Eisfach gefrieren kann.

FESTTAGSMÄNNCHEN

Benötigt werden:
Verschiedenes Gemüse und Früchte,
u. a. Kirschen und Erdbeeren
Schaschlikspieße und Cocktailpikser

Von Festtagsmännchen können die Enkel nie
genug kriegen. Schwer zu machen? Nein, dafür
brauchst du keine zwei rechte Hände zu haben.
Du brauchst nur ein wenig Fantasie!
Für den Körper nimmst du z.B. einen
Rotkohl, für den Kopf einen Weißkohl,
für die Arme Porree, für die Beine
Wurzeln, und die Zehen machst du aus
Prinzessböhnchen. Die größeren Teile verbindest
du mit Schaschlikspießen, die kleineren mit
Cocktailpiksern. Für die Augen kannst du Rosenkohl
oder Radieschen nehmen. Als Mund dient eine
Chilischote und für die Ohren nimmst du zwei
Paprikahälften.
O ja, da müssen natürlich auch noch Knöpfe auf
den Bauch. Was hältst du von Erdbeeren oder
Silberzwiebeln? Soll es eine Frau werden? Mache
aus Salatblättern einen Hut und hänge ihr Kirschen
an die Ohren. Wetten, dass du selbst kaum etwas
zu tun brauchst? Die Enkelkinder werden das
schnell übernehmen: „Dürfen wir das selber
machen, Oma? Hast du noch Nüsse oder Petersilie?"

HONIGBRÖTCHEN

Benötigt werden:
Baguette (das Stückchen, das immer übrig bleibt)
1 Ei
ungefähr 2 dl Milch
1/2 Teelöffel Zimt
Butter zum Braten
Honig

Wir wohnten ein Jahr in Spanien. Manchmal konnten
wir uns eines braunen Brötchens bemächtigen,
doch meistens war es nur Stangenbrot – Baguette.
Natürlich blieb oft ein Stückchen übrig. Abends
hatte man nichts mehr davon, da machte es seinem
Namen alle Ehre: knüppelhart!

Wir fanden eine Lösung und machten regelmäßig
Honigbrötchen, eine Art „Arme Ritter". Die Kinder
waren verrückt danach, und jetzt mache ich sie für
meine Enkeltochter.

Weiche das in Scheiben geschnittene harte Brot in
mit einem aufgeschlagenen Ei und Zimt vermischter
Milch ein. Lasse das Brot etwas abtropfen und brate
es dann in heißer Butter von beiden Seiten braun.
Lege es auf ein Brett und bestreiche es mit Honig.
Und nun einfach nur genießen!

MAGISCHER APFEL

Benötigt werden:
Apfel
festes Garn
dünne Nadel

Wo werden Königinnen gewöhnlich gekrönt?
Auf ihrem Kopf.

Natürlich inszenierst du den Trick mit dem magischen Apfel ein wenig geheimnisvoll:
„Guck mal, ich schäle diesen Apfel so, dass die Schale heil bleibt."
„Ja, Oma, aber was ist daran denn jetzt magisch?"
„Das wirst du gleich sehen!"
....
„Hey, er zerfällt in vier Teile! Wie geht das, Oma? Wie machst du das?"
„Tja, das ist das magische Geheimnis."

Bevor dein Enkelkind zu Besuch kommt, unterteilst du einen Apfel mit einer feinen Nadel und festem Garn „unter der Haut" in vier oder sechs Stücke. Wie das geht?
Stich die Nadel am Stiel schräg in den Apfel und lasse sie ein Stückchen weiter unten wieder herauskommen. Lass ein kleines Stückchen Faden am Stiel aus dem Apfel herausgucken. Stich nun die Nadel zurück in den Apfel, genau in dasselbe Loch, wo sie herausgekommen ist. Bewege sie wieder ein Stückchen durch den Apfel in Richtung Blüte.

Wiederhole dies noch ein paarmal und gehe dann,
einmal bei der Blüte angelangt, die andere Seite des
Apfels entlang wieder zum Stiel zurück.

Bei einer Runde bekommst du zwei Teile. Bei zwei
Runden ergeben sich vier Teile, bei drei Runden sogar
sechs. Letzteres ist natürlich viel interessanter.
Ziehe zum Schluss die Fäden unter der Schale durch
den Apfel: Ohne ihn erst zu schälen, ist der Apfel
bereits in Stückchen unterteilt!

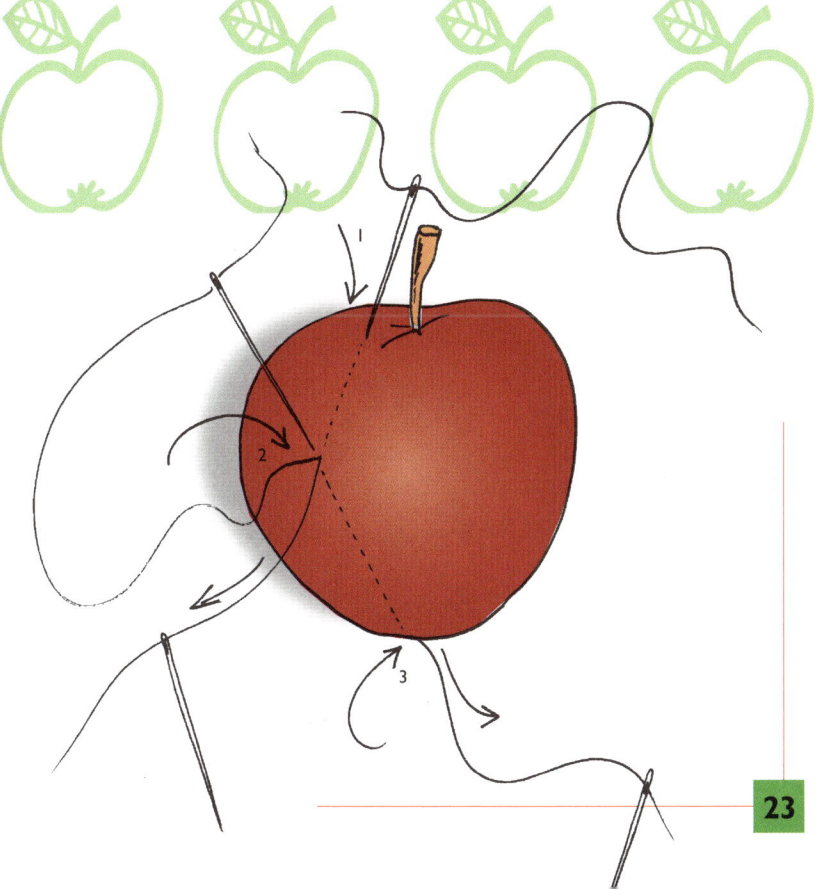

MASKE 1

Benötigt werden:
Pappe
Farbe
Pinsel
Gummibänder
Material zum
Verzieren
Locher

Eine einfache Art,
eine schöne und
wieder erkennbare
Maske anzufertigen:
Nimm das Gesicht einer Comic-Figur als Vorlage.
Zeichne über sie ein regelmäßiges Karomuster
(siehe Abbildung).
Übertrage das gleiche Karomuster, jedoch
vergrößert, auf ein Stückchen Pappe und benutze
dieses als Zeichenhilfe, um die ursprüngliche Vorlage
zu vergrößern. Schneide diese danach aus und male
sie an, beklebe sie mit Wolle, Garn, Silberpapier und
allem was du schön findest. Knipse oder schneide
die Augen aus. Stanze mit dem Locher zwei Löcher
in die Seiten der Maske und befestige hieran die
Gummibänder, mit denen du die Maske an den
Ohren deines Enkelkindes befestigen kannst. Fertig!

MASKE 2

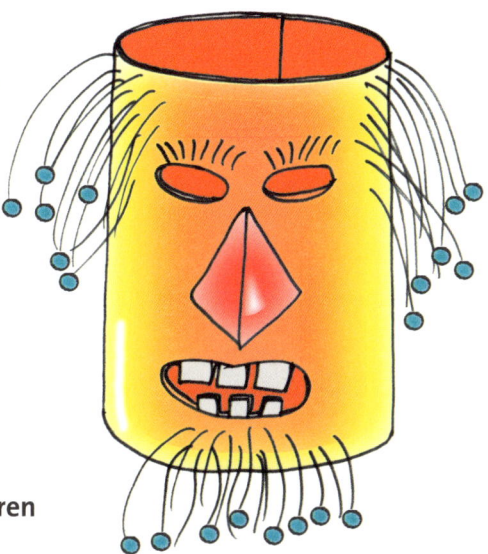

Benötigt werden:
dünne Pappe
Büroklammern
Klebstoff
Farbe
Pinsel
Messer
Schere
Material zum Verzieren

Dies ist auch für kleinere Kinder eine schöne Art, eine
Maske herzustellen. Mache aus einem Stückchen
dünner Pappe einen Zylinder, der genau um den
Kopf des Kindes passt. Halte ihn mit Büroklammern
zusammen. Schneide den Zylinder mit einer
Schere oder einem Messer auf die gewünschte
Höhe. Zeichne Augen, Nase und Mund an die
richtigen Stellen und schneide dort Löcher in die
Pappe. Bastle dann aus Pappe eine komische Nase.
Vollende nun die Maske nach eigenem Geschmack
und eigener Fantasie mit Farbe, Garn, Wolle usw.
Klebe zum Schluss die Ränder des Zylinders mit
Klebstoff zusammen. Schön ist es, die Maske den
Jahreszeiten anzupassen, z. B. eine Nikolaus- oder
Knecht-Ruprecht-Maske, eine Osterhasenmaske oder
eine Maske zu Halloween oder für den Karneval.

MASKE 3

Benötigt werden:

Eierpappe
Plakat- oder Acrylfarbe oder Bunt- bzw. Filzstifte
Taschenmesser oder Schere
Gummiband
Klebstoff

In die Kategorie „Basteln mit wertlosem Material"
fällt das Basteln von Masken aus Eierkartons.
Hierbei können die Vertiefungen für die Eier als
Augenhöhlen dienen. Die Spitzen dazwischen als
Nase. Und wenn du den Eierkarton umdrehst,
werden die Höhlen zu Kugelaugen oder
Kugelwangen. Für den Anfang beginnen wir mit
einer sogenannten Halbmaske, welche die Hälfte des
Gesichts bedeckt.
Schau dir auf der Zeichnung an, wie du den Karton
ausschneiden musst. Aus dem Deckel machst du
anschließend den unteren Teil der Maske und klebst
die beiden Teile zu einer Vollmaske zusammen.

Wie buchstabiert man
Mausefalle mit fünf
Buchstaben?
F-A-L-L-E

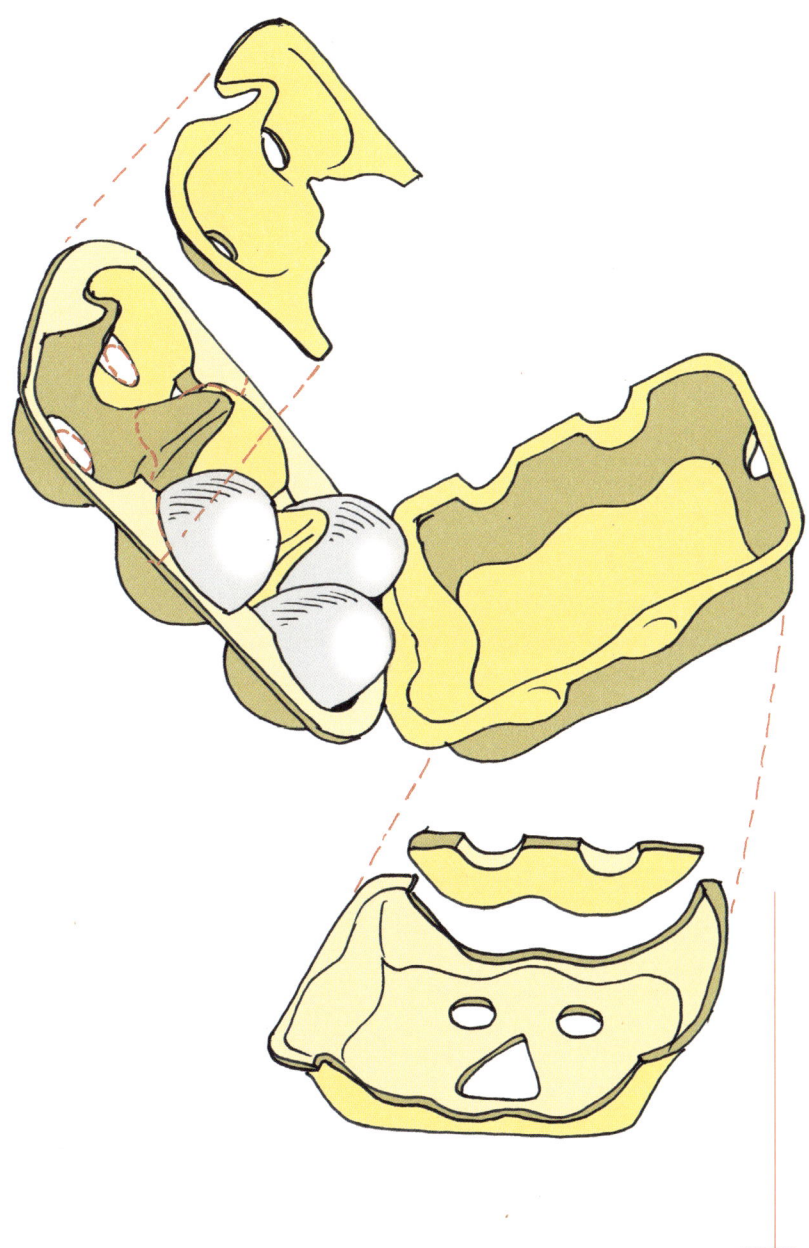

MILCHSHAKE

Benötigt für ein Glas werden:
1 Tasse kalte Milch
Früchte
1 Kugel Sahneeis

Herrlich, so ein Sommertag, an dem das
Thermometer schon früh auf dreißig Grad klettert.
Die Enkelkinder haben Ferien und übernachten
in deinem Garten oder auf deinem Balkon. Es
ist wirklich ein Tag für Eis oder einen herrlichen
Milchshake.
Es gibt spezielle Milchshakemixer im Handel, aber
du kannst ihn auch einfach mit dem Schneebesen
oder einem normalen Mixer machen. Schneide
die Früchte klein, füge Eis und Milch hinzu – kurz
verrühren, fertig.
Besonders lecker ist ein Erdbeershake, wobei du den
Erdbeeren einen Esslöffel Erdbeersoße hinzufügst.
Aber generell kannst du alle Früchte, die weich und
saftig sind, verwenden.
Wenn der Sommer schön lange anhält, willst du
vielleicht auch mal was anderes ausprobieren.
„Hausgemachtes Fruchteis" zum Beispiel. Das geht
auch ganz schnell:
Nimm zu gleichen Teilen ungeschlagene
Schlagsahne, Zucker und klein geschnittene oder
zerquetschte Früchte. Die Früchte erst hinzugeben,

wenn die Sahne beinahe steif geschlagen ist. Die
Masse noch einmal durchrühren, Danach einfrieren
und vor dem Servieren etwas weich werden lassen.
Eine herrliche Leckerei, die ich einer Superoma mit
acht Enkelkindern abgeguckt habe!

Warum wollte
Mickymaus ins Weltall?
Um Pluto zu sehen.

PUPPENHAUS

Benötigt werden:
dicke Pappe (graue Kartonpappe)
Taschenmesser
Klebstoff
Material zum Verzieren

Ein schönes Puppenhaus zu basten ist viel einfacher, als du vielleicht denken magst. Und das Schöne an diesem Modell ist, dass es auf verschiedene Art verwendet werden kann. Also auch als Garage, Hangar, Bauernhof und anderes mehr.

Nimm feste Pappe und klebe die Teile mit Klebstoff aneinander (für die echte Hobbybastlerin: Aus Sperrholz ist das Ganze natürlich noch viel schöner!). Wir basteln von jedem Modul mehrere Exemplare, bei denen Fenster und Türen variiert werden können. Schau dir mal die Abbildungen an. Die einzelnen Module kannst du auf endlos viele verschiedene Arten miteinander kombinieren, zusammenschieben oder aufeinandersetzen – die Kinderfantasie lässt daraus jedes Mal ein neues Gebäude entstehen.
Jetzt darf darin und darum herum nach Herzenslust mit Puppen, Cowboys, Indianern, Rittern, Soldaten, Autos und Flugzeugen gespielt werden.

Nicht mitgeben, wenn die Enkelkinder wieder nach
Hause gehen: Dabehalten für das nächste Mal!

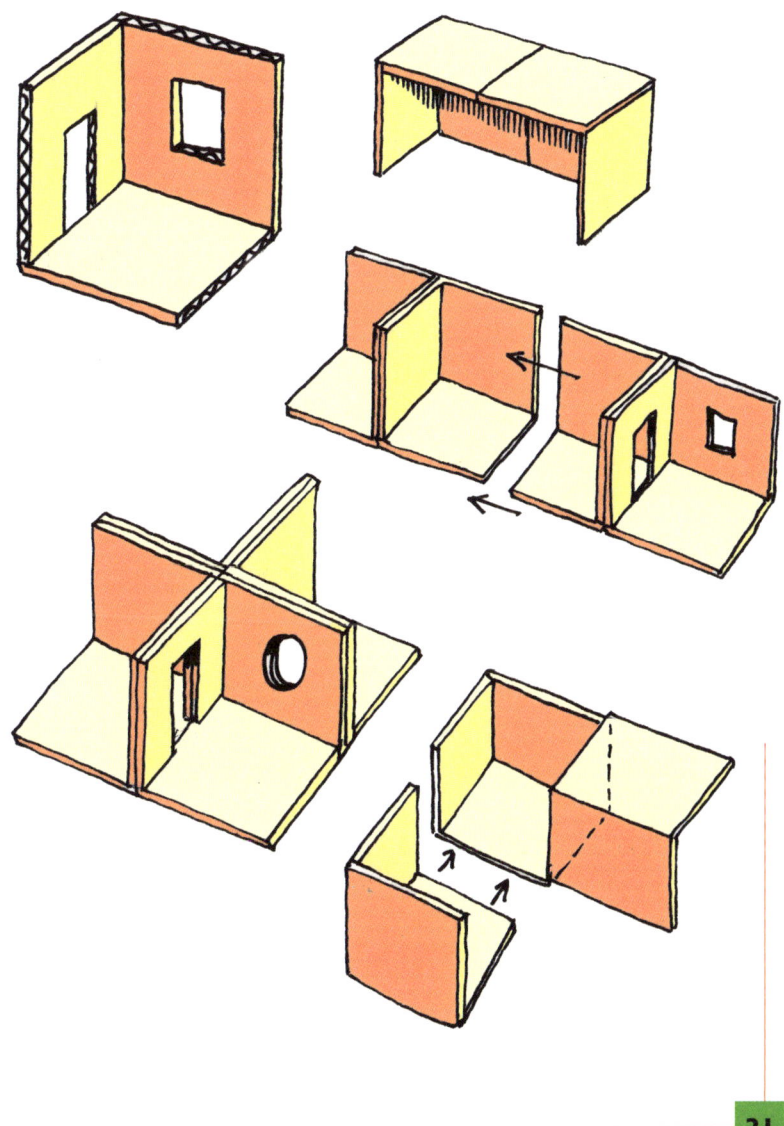

STRICKEN MIT DER STRICKMAUS

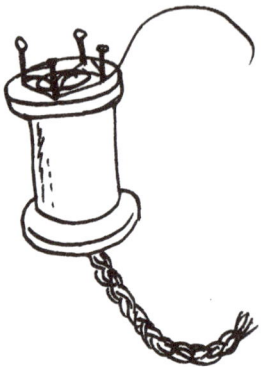

Benötigt werden:
Garnrolle oder Korken
kleine Nägel
Stopfnadel
Wolle (am Besten in verschiedenen Farben)

Diese Spielidee kommt aus „der alten Kiste", ich weiß. Aber es ist schön, sie zusammen mit den Enkelkindern noch einmal umzusetzen.
Im Allgemeinen wird beim „Strickmausstricken" mit Hilfe einer Garnrolle, einer Stopfnadel und Wolle „gestrickt". In Friesland, wo ich aufgewachsen bin, wurde es „Korkenstricken" genannt. Wahrscheinlich wurde ein großer Korken verwendet, wenn es keine Garnrollen im Haus gab. Ich erinnere mich noch gut, wie Beppe, meine Oma, mir diese Fertigkeit beibrachte.
Sie nahm eine Garnrolle (ersatzweise einen Korken) und schlug rund um die Öffnung vier kleine Nägel ein. Dann wurde ein Faden durchgezogen, der unten mindestens 10 Zentimeter aus der Garnrolle herausgucken musste, sodass man daran ziehen konnte, sobald ein Anfang gemacht war. Sie zeigte mir, wie der Faden in Schlaufen um die Nägel gelegt

wird. Dann konnte das „Stricken" beginnen, indem der Faden rund um die Nägel gelegt und stets der untere Faden mit Hilfe der Nadel über die unterste Schlaufe gehoben wurde.

Heraus kommt letztlich eine gestrickte „Schlange", aus der du zusammen mit deinem Enkelkind einen bunten Topflappen machen kannst. In der „Oma-Zeit von Oma" machte man daraus Zaumzeug. Heute finden es Enkelinnen schön, so eine Kordel als Gürtel oder Halsschmuck zu verwenden.

ALTE LIEDER

Hier zwei bekannte Lieder, die du schon lange nicht
mehr gehört, geschweige denn gesungen hast:

Kommt ein Vogel geflogen,
setzt sich nieder auf mein' Fuß,
hat ein Zettel im Schnabel,
von der Mutter einen Gruß.

Lieber Vogel, flieg weiter,
nimm ein' Gruß mit und ein' Kuss,
denn ich kann dich nicht begleiten,
weil ich hierbleiben muss.

Und dieses:

Liebe, liebe Sonne
Liebe, liebe Sonne,
scheine doch recht hell!
Jage fort die Wolken,
komm hervor ganz schnell!

Liebe, liebe Sonne,
komm ein bisschen runter,
lass den Regen oben,
dann wollen wir dich loben.
Einer schließt den Himmel auf,
kommt die liebe Sonne raus.

Was ist gelb und
zeigt immer nach
Norden?
Eine magnetische
Banane.

SERVIETTEN FALTEN 1

Ein schönes Modell für Anfänger:

1. Lege die Serviette mit einer Spitze nach unten. Mache daraus ein Dreieck, indem du die unterste Spitze nach oben faltest.
2. Falte die beiden unteren Ecken zur Mitte und danach die Seiten noch einmal zur Mitte.
3. Falte die Unterkante zur Basis des Dreiecks und danach das Dreieck nach unten, um den kleinen Briefumschlag fertigzustellen.

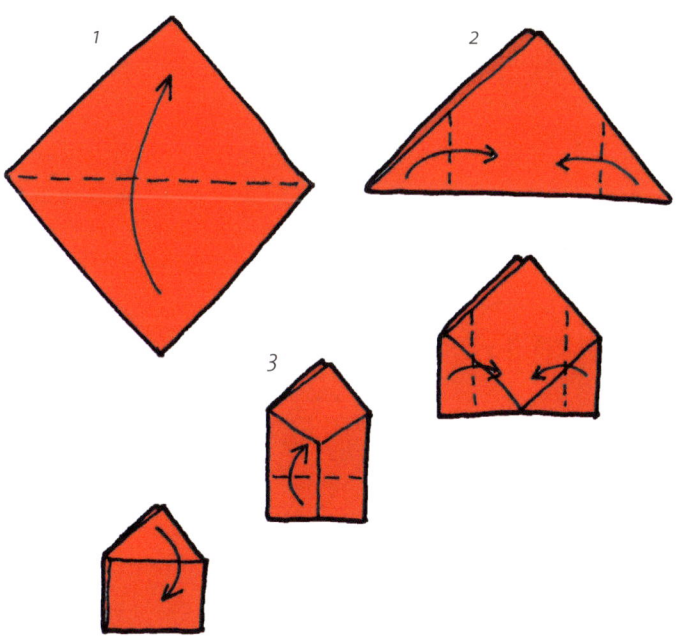

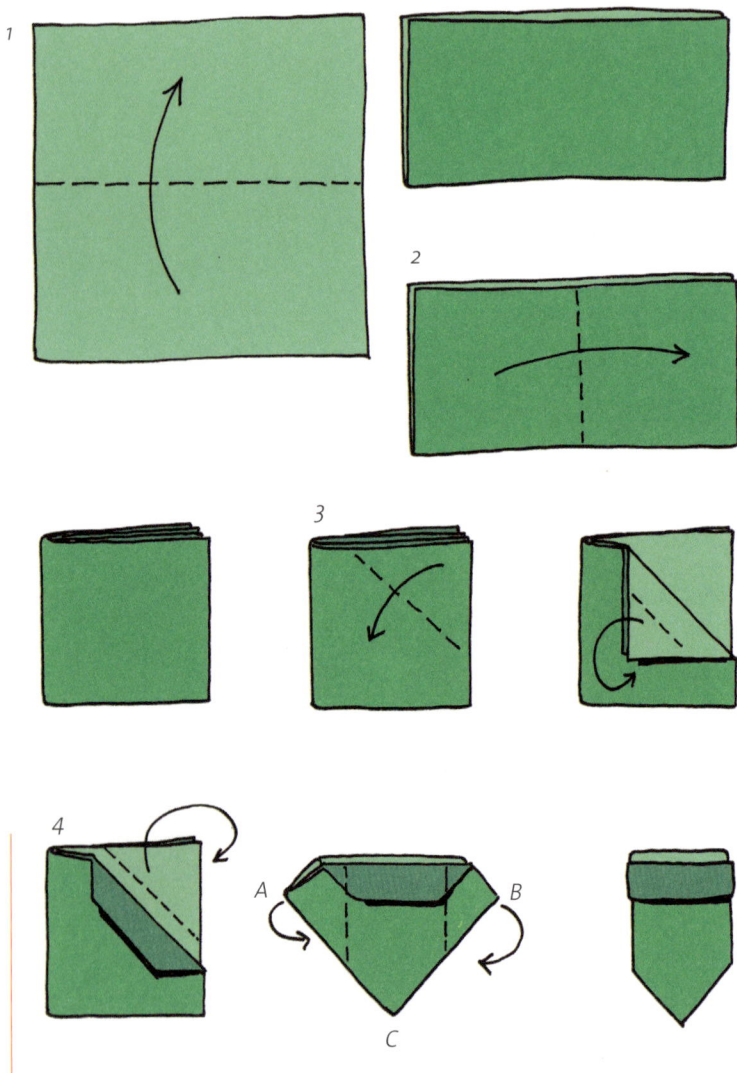

SERVIETTEN FALTEN 2

Eine festliche Serviette faltest du folgendermaßen:

1. Falte die untere Hälfte der Serviette nach oben. Somit befindet sich die Falte nun an der Unterseite.
2. Falte nach rechts, sodass sich ein Quadrat ergibt.
3. Nimm nun die oberen zwei der vier Ecken an der rechten Außenseite und falte diese nach vorne und falte oder rolle sie unter sich selbst durch.
4. Falte nun auf die gleiche Weise die zwei untersten Ecken nach hinten.
   Ecke C bildet die Unterseite des „Schlipses", indem A und B nach hinten gefaltet werden.

Beim Tischdecken kannst du zum Beispiel das Besteck in den so entstandenen kleinen „Briefumschlag" legen.

Willst du einen dreckigen Witz hören?

Zwei weiße Pferde fielen in den Sumpf.

SERVIETTEN FALTEN 3

Diese Serviette steht auf dem Tisch:

1. Falte die Serviette doppelt von links nach rechts. Der Knick befindet sich nun also an der linken Seite.
2. Knicke nun Ziehharmonikafalten, beginnend an der Unterseite. Jede Falte muss ungefähr 2,5 cm breit sein. Falte so die gesamte Länge.
3. Knicke die Ziehharmonika auf die Hälfte.
4. Ziehe den Fächer nun auf und streiche die Falten, wo nötig, glatt. Steche die Gabel in die Mitte der Ziehharmonika und lege die Gabel mit der Serviette so auf den Tisch.

Welches Tier kann höher fliegen als ein Haus?

Alle fliegenden Tiere, weil Häuser nicht fliegen können.

Was ist groß, schwarz und frisst Felsbrocken?

Ein großer schwarzer Felsbrockenfresser.

GESCHLOSSENER APFEL

Für dieses Kunstwerk benötigst du nicht viel. Nur einen Apfel und ein scharfes Messer. Aber – ehrlich gesagt – ein bisschen Geschick ist dafür schon erforderlich.

Wenn du dein Werk vollendet hast, besteht der Apfel aus zwei gezackten Hälften, die, wenn du sie aufeinanderlegst, wieder nahtlos zusammenpassen. Wie bekommst du das hin?

Stich (einmal rundum) mit dem Messer stets zickzackartig von der Schale zur Mitte des Apfels. Auf diese Weise entstehen zwei saubere Hälften, die zusammen ein perfekt schließendes Döschen mit Deckel bilden.

Schön ist auch, die gezackten Hälften als Esstischdekoration zu verwenden. Besprenkle sie dazu mit einigen Tropfen Zitronensaft, damit sie nicht braun werden.

Auf die gleiche Art kannst du Radieschen bearbeiten, schön zum Garnieren für einen Salat!

SIRUPHAPPEN

Benötigt werden:
250 gr. Kandis
35 gr. Butter
Pfanne
scharfes Messer

„Zuckerschnecken" nannte mein friesischer Opa
(Pake hieß er) die zuckersüßen Happen, nach denen
ich verrückt war. Er briet sie jeweils, während ich
im Alkoven lag (wirklich!) und immerzu rief: „Sind
sie schon fertig, Pake?" Ob nach der Vertilgung der
Leckerei noch eine Zahnbürste zu Werke ging, weiß
ich nicht mehr ...
Wie werden diese herrlichen Happen gemacht?
Lasse Zucker und Butter gerade so lange kochen,
bis der Sirup träge vom Löffel tropft. Gieße die zähe
Masse auf ein mit Mehl bestäubtes Brotbrett. Kerbe,
nachdem sie etwas abgekühlt ist, mit einem Messer
vorsichtig Linien hinein, sodass Quadrate entstehen.
Dann fest werden lassen und in Stückchen brechen,
so wie du es auch mit Schokolade machst.

Anmerkung meines Ehemannes: „Das Schönste war, einen
Klumpen Sirup vom Brett zu grapschen, bevor er ganz fest
geworden war. Du konntest ihn enorm in die Länge ziehen,
aufrollen und als Dropshaufen in deinem Mund verschwinden
lassen!"

**Was wird nass, während
es trocknet?**

Ein Handtuch.

WIEGENLIEDER

Das Singen von Wiegenliedern, wobei das Kindchen
auf den Schoß genommen wird oder auch nicht,
fällt immer auf fruchtbaren Boden. Hier sind zwei
alte Lieder. Zuerst ein Schlaflied, das man lange
Wolfgang Amadeus Mozart zugeschrieben hatte,
das wahrscheinlich aber von Bernhard Flies stammt:

Schlafe, mein Prinzchen, schlaf ein
Schlafe, mein Prinzchen, schlaf ein.
Es ruhn Schäfchen und Vögelein,
Garten und Wiesen verstummt,
Auch nicht ein Bienchen mehr summt.
Luna mit silbernem Schein
Gucket zum Fenster herein,
Schlafe beim silbernen Schein.
Schlafe, mein Prinzchen, schlaf ein.

Und dieses fast so alte norddeutsche Wiegenlied:

Schlaf, Kindlein schlaf!
Schlaf, Kindlein, schlaf!
Der Vater hüt' die Schaf,
die Mutter schüttelts Bäumelein,
da fällt herab ein Träumelein.
Schlaf, Kindlein, schlaf!

GUCKGLAS

Benötigt werden:
**großes Marmeladenglas oder kleines Weckglas
feste Ansichtskarte oder Foto**

Jede Oma erinnert sich noch an den Guckkasten.
Aber ein Guckglas? Und doch ist das, was im Glas
zu sehen ist, mindestens so interessant wie eine
Vorstellung im Schuhkarton.

Fülle ein großes, glattes Marmeladenglas (oder, falls
du noch eins hast, ein Weckglas) mit Wasser. Suche
zusammen mit deinem Enkelkind eine Ansichtskarte
aus, auf der es wirklich was zu sehen gibt. Stecke sie
in das Glas und biege sie. Erfolg garantiert! Die Karte
(oder das Foto) bleibt schön stehen und ... erhält eine
weitere Dimension!

BESTICKTE KARTE

Benötigt werden:
Ansichtskarte
Stopfnadel
Wolle oder Baumwolle

Ein verregneter Ferientag. „Oma, ich langweile
mich!" Zum Glück fällt dir eine schöne Bastelei ein:
„Wir werden eine Karte besticken."
Vielleicht hast du ja noch eine Dose mit alten
Ansichtskarten. Wenn nicht, tuts auch eine neuere,
einfache und nicht zu volle Ansichtskarte. Am
Schönsten wäre eine Karte mit einem Tier oder einer
Blume drauf. Das macht das „Sticken" einfacher.
Für die kleinsten Enkel stichst du mit einer Nadel
kleine Löcher rund um den Umriss, sagen wir mal,
einer Katze. Danach kann das Kind selbst sticken.
Ältere Kinder können die Konturen der Abbildung
alleine sticken.

BOMMEL

Benötigt werden:
zwei kleine Pappen
Schere
Wolle (nicht zu dünn)
ein Glas oder eine Münze (Hilfsmittel)

Bommel ... Wer hatte die nicht als Kind? An Schal und Mütze. Oder auf den Puschen. Es ist nicht schwer, solche Bommel oder Pompons selbst zu machen, und auch die Kinder von heute finden es immer noch schön, der Oma dabei zuzusehen. Und wenn Oma auch noch stricken kann (!), kommen natürlich auch ein Schal oder gestrickte Puschen dazu.
Wie werden Bommel gemacht? Du beginnst, indem du aus den Pappen zwei gleich große Kreise ausschneidest. Als Hilfsmittel kannst du ein Glas von ca. 7 cm Durchmesser verwenden. Dann muss ein Loch von ca. 2 cm Größe in die Mitte geschnitten werden. Hierfür kannst du eine Münze nehmen (einfach mit einem Bleistift um Glas und Münze eine Linie ziehen und ausschneiden).
Inzwischen liegt schon ein Knäuel Wolle bereit. Lege die beiden Pappkreise aufeinander und beginne, nachdem du den Faden befestigt hast, die Wolle aus der Mitte heraus um die Pappkreise zu wickeln. Achte darauf, dass die Fäden dicht nebeneinanderliegen. Das ist alles.

Aber wie wird ein Bommel draus? Drücke die Kreise gut aufeinander und schneide mit der Schere die äußersten Schlaufen durch. Ziehe einen festen Faden zwischen den zwei Pappkreisen zur Mitte des Bommels durch und knote ihn gut fest. Entferne die Pappen und ... siehe da! Wenn nötig, kannst du das Knäuelchen noch etwas in Form schneiden.

Was behält immer das gleiche Gewicht, wie groß es auch sein mag?

Ein Loch.

EINFACHE KETTE

Benötigt werden:
Heftfaden
Nadel
Aluminiumfolie
Knöpfe
Bohnen und/oder Erbsen
Kerne (von Melonen, Sonnenblumen usw.)
Schaschlikspieße

Ein Kind ist schnell zufriedengestellt, hieß es früher.
Eigentlich ist das immer noch so, besonders bei
den Kleinen. Schau dir nur mal einen Knirps an, wie
er immer wieder nach der Wäscheklammer greift.
Oder das Krabbelkind, das sich beim „Kuckuck"-Spiel
schlapp lacht und es immerzu wiederholen will.
Darum findet es ein Kind von ca. sechs Jahren toll,
selbst Perlen zu machen, z. B. aus Aluminium-
oder getönter Silberfolie (von den kleinen
Schokoladentäfelchen). Die Löcher entstehen
dadurch, dass die Folie um einen Schaschlikspieß
herum „geknetet" wird. Beim Auffädeln der Kette
oder des Armbandes kannst du dazwischen ab und
zu kleine Knöpfe aufziehen.
Es macht auch Spaß, eine Samenkette zu basteln.
Oder eine Kette aus Bohnen und/oder Erbsen.
Weiche die Hülsenfrüchte zuvor für ein paar
Stunden ein, dann geht die Nadel leichter durch.

Und im Sommer flechten wir
natürlich einen Kranz aus
Gänseblümchen. Einfach
den einen Stängel durch
den anderen stecken. Mit
solch einem Kranz auf
dem Köpfchen fühlt sich
dein Enkelkind wie ein
Prinz oder eine Prinzessin!

DIES IST MEINE HAND

Benötigt werden:
Bleistift
Schere
weißes Papier

Kinder zwischen einem und vier Jahren finden es
toll, wenn du den Umriss ihrer Hand oder ihres
Fußes zeichnest. Geduldig halten sie die Fingerchen
gespreizt, und Oma zeichnet vorsichtig eine
Bleistiftlinie um sie herum.

„Guck mal, das ist dein Händchen!"
„Zeichnest du auch meinen Fuß, Oma?"
„Na, dann mal los!"

FALTEN & SCHNEIDEN

Benötigt werden:
Papier (nicht zu dick)
Schere

Besonders schön für Kleinkinder ist das
Ausschneiden einer Püppchengirlande.
Falte ein Blatt Papier dreimal auf die Hälfte in die
gleiche Richtung. Schneide, ausgehend von der
Faltlinie, eine Bäuerin aus, wobei der Arm ganz bis
an die andere Seite des Streifens ausgeschnitten
werden muss. Nach dem Auffalten halten sich
die Figürchen an der Hand. Um die Beinchen
voneinander zu trennen, musst du von der
Hauptfalte senkrecht noch ein kleines Stückchen
wegschneiden (siehe Zeichnung unten rechts).
Schneidest du die ganze Figur in einem Stück aus
dem Papierstreifen (z. B. mit einem gesenkten und
einem erhobenen Arm), erhältst du acht anstelle von
vier Bäuerinnen. Bestimmt haben die Kinder Lust,
die Puppen zu verzieren. Mit einem Gesichtchen,
einer Schürze und Knöpfen.

BLATTDRUCKKUNST

Benötigt werden:
unbeschädigtes Blatt, direkt vom Baum
Zeichenpapier
Plakatfarbe (am besten verschiedene Farben)
Tellerchen
Pinsel
Schuhkarton

Mache einen Blattabdruck auf Zeichenpapier (oder auch auf einem Schuhkarton), das ist schön und nicht schwer. Probiere es erst einmal selber aus und dann zusammen mit deinem Enkelkind.

Zuerst suchst du gemeinsam mit deinem Enkelkind schöne Blätter, kleine und große. Achte darauf, Blätter auszuwählen, die einen deutlichen Nerv haben, wie die Blätter von Eiche, Ahorn und Farn.

Fortsetzung auf Seite 52

Was passiert mit einer Kuh, die im Regen steht?
Sie wird nass.

Vermische auf einem Tellerchen etwas Plakatfarbe mit ein paar Tropfen Wasser. Tauche den Pinsel in die Farbe und streiche das meiste davon auf einer Zeitung wieder ab: Es darf nicht viel Farbe am Pinsel bleiben.

Nun bestreichst du das Blatt vorsichtig und legst es mit der gefärbten Seite auf ein Stück Papier, einen Schuhkarton oder was auch immer. Bedecke das Blatt mit einem Stückchen Küchenrolle und drücke es sanft an. Das Blatt kann jetzt sofort wieder (ganz vorsichtig) hochgenommen und erneut gebraucht werden.

Wenn Oma auf den Geschmack gekommen ist, kann sie vielleicht im Haus auch noch eine Wand verschönern!

BÄUMCHEN-PFLÜCK-MICH

Benötigt werden:
verzweigter Ast
Zeichenpapier
Schmuckpapier, z. B. Krepppapier oder
Aluminiumfolie
Flasche oder Topf
Sand

Zu Ostern oder Weihnachten hat Oma für
die Enkelkinder gerne etwas Spezielles im
Haus. Natürlich kannst du Ostereier und
Weihnachtskringel kaufen. Aber wenn du für eine
wirkliche Überraschung sorgen willst, machst du ein
Bäumchen-pflück-mich. Dazu suchst du
im Garten oder im Wald einen hübsch verzweigten
Ast und verleihst ihm ein festliches Aussehen, indem
du ihn mit Crêpepapier oder Alufolie umwickelst.
Damit er fest steht, steckst du ihn in eine Flasche
oder einen Topf mit feuchtem Sand.
Danach verzierst du das Bäumchen mit
Ostereiern, Weihnachtskringeln,
anderen Leckereien, Schleifchen
oder was dir sonst so einfällt.

Warum wackelt ein Hund mit
seinem Schwanz?

Weil der Schwanz nicht mit
dem Hund wackeln kann.

53

GELD MACHEN

Benötigt werden:
Aluminiumfolie (oder ein Blatt weißes Papier)
Zahnbürste (oder Bleistift/Buntstifte)
Euromünzen

Kinder spielen gerne Kaufmannsladen. Und zum Kaufen und Verkaufen gehört Geld. Schön ist es, dieses Geld selber zu machen:

Lege ein Stückchen Folie über eine Euromünze, streiche mit einer weichen Zahnbürste darüber, und siehe da – ein „Euro". Mit einem Knopf darin eingewickelt wirkt er fast wie echt! Auf die gleiche Art kannst du auch andere Abdrücke machen, z. B. von einem Schlüssel oder einem Messer.

Geld kannst du auch mit einem weißen Papier und einem Bleistift machen. Lege das Papier über die Münze und streiche vorsichtig mit einem Blei- oder Buntstift darüber. Danach ausschneiden.

LANGHALS AUS DER SCHACHTEL

Benötigt werden:
Große Streichholzschachtel
Bleistift oder Kugelschreiber

Kinder mögen Witziges. Und besonders bei den Kleinen hast du schon mit ganz einfachen Dingen schnell Erfolg.

Nimm eine leere große Streichholzschachtel und beklebe sie mit weißem Papier. Zeichne hierauf den Körper eines Mannes mit Beinen (vgl. Abbildung). Auf die Unterseite der Innenschachtel zeichnest du einen Kopf mit einem gaaanz langen Hals. Nun machst du die Schachtel zu und der Spaß kann beginnen: Schau nur, wie der Langhals nach oben flutscht ...

Warum überquerte das Kaugummi die Straße?
Weil es an einer Hühnerpfote festklebte.

ZWEITES LEBEN

Benötigt werden:
Untertasse
Bleistift
Schere
Klebstoff
Klebeband mit Schnur oder Bilderhaken
Foto
Glas

Irgendwie komisch, aber normalerweise zerbricht
die Tasse eher als die Untertasse. Und somit steht
im Keller oder im Gerümpelschrank ein Stapel
mit überzähligen Untertassen. Du kannst sie als
Blumentopfuntersetzer verwenden – oder mit
deinem Enkelkind einen Fotorahmen daraus basteln.
Wie das geht? Ganz einfach. Zunächst sucht ihr
zusammen ein schönes Foto aus. Dann nimmst du
eine Untertasse und ein Glas. Das Glas muss den
gleichen Durchmesser haben wie der Innenrand der
Untertasse, „Spiegel" genannt. Das Glas ist nur ein
Hilfsmittel: Setze es auf das Foto, ziehe einen Strich
um das Glas und schneide das Foto schön rund
aus. Jetzt musst du nur noch das Foto aufkleben
und an der Rückseite der Untertasse einen Haken
befestigen. Anstelle des Hakens kannst du auch
Klebeband mit Schnur verwenden.

SUPERBLUMEN

Benötigt werden:
Servietten
Klebeband
Stöckchen
Krepppapier
Aluminiumfolie

Selber Blumen basteln, das ist eine schöne und einfache Arbeit. Probiere es zunächst einmal selber aus, zeige deine Blume dann deinen Enkeln, und schon bald bastelt ihr gemeinsam ein hübsches Bukett. Vielleicht hast du Servietten in verschiedenen Farben im Haus, das macht das Bukett fröhlicher. Beginne, indem du die Serviettenlagen voneinander trennst. Lege sie danach lose (immer abwechselnd einmal umgedreht) aufeinander und nehme sie, in der Mitte gefasst, hoch. Drehe danach die werdende Blume um, ordne ihre Blätter und verdrehe die zusammengefassten Enden miteinander. Die Anzahl der Blütenblätter und die Größe der Blume sind abhängig von der Anzahl an Serviettenlagen. Befestige das zusammengedrehte Ende der Blume mit Klebeband an einem Stöckchen und umwickle den Stielansatz mit Krepppapier oder Alufolie.

PLUMPSACK

Dieses Spiel war zu Omas Zeiten auf jedem
Geburtstag der Favorit! Aber kennst du auch noch
den dazugehörigen Spruch? Er geht so:

*Dreht euch nicht um,
denn der Plumpsack
geht um.
Wer sich umdreht
oder lacht,
kriegt den Buckel blau gemacht!*

Die Kinder sitzen oder stehen im Kreis und halten die
Hände so auf dem Rücken, dass etwas hineingelegt
werden kann. Eines der Kinder geht mit einem
geknoteten Taschentuch (am besten aus Stoff!) um
den Kreis herum und sagt den Plumpsackspruch.
Irgendwann legt es das Taschentuch einem der
Kinder in die Hände. Dieses Kind klopft einem
seiner Nachbarn auf den Rücken und beide rennen
entgegen der Laufrichtung des Plumpsacks um
den Kreis herum. Auch der Plumpsack rennt weiter.
Jeder der drei Kinder versucht, an einen der zwei frei
gewordenen Plätze zu kommen. Wer übrig bleibt, ist
der neue Plumpsack und geht wieder um.

Woher weißt du, dass ein Elefant
unter deinem Bett sitzt?
Wenn du mit deiner Nase an
die Decke stößt.

PASS AUF, WO DU HINTRITTST!

Auch dies ist ein schönes Spiel für einen Kindergeburtstag:
Oma stellt zerbrechliche Dinge, z. B. Vasen, Gläser und eine Schirmlampe, in die Mitte des Zimmers. Die Geburtstagsgäste sehen dies und fragen sich, was das wohl zu bedeuten habe. Oma erklärt es: „Ihr verlasst gleich alle den Raum, abgesehen vom Geburtstagskind, denn das muss mir helfen. Es bindet euch einem nach dem anderen ein Tuch vor die Augen, und dann müssen alle Spieler versuchen, vorsichtig über die Gläser und Vasen zu steigen."
„Aber dann gehen sie doch kaputt!", ruft eines der Kinder. „Macht nichts," sagt Oma, „das hilft Aufräumen." Die Kinder verlassen das Zimmer, und das Spiel kann beginnen.
Kaum sind sie aus der Tür verschwunden, zieht Oma das Geburtstagskind ins Vertrauen: „Wir nehmen alle Gläser und Vasen weg", flüstert sie. „Und dann schau dir an, was sie für seltsame Kapriolen vollführen, um ja nichts kaputt zu machen!"
Bei jedem Kind geschieht natürlich das Gleiche. Und wer hat den meisten Spaß? Die Kinder, die bereits selbst reingefallen sind und danach zuschauen dürfen.

PFÄNDERSPIEL

Noch so ein schönes Spiel aus Omas Kindertagen:

Die Kinder setzen sich im Kreis hin, nachdem jedes bei Oma oder jemand anderem, der die Spielleitung hat, ein Pfand abgegeben hat. Die Kinder dürfen nicht sehen, was die anderen abgeben. Es kann ein Ring sein, ein Knopf, eine Schnur, ein Taschentuch usw.

Oma legt die Dinge in die Mitte des Kreises. Einer der Mitspieler beginnt und nimmt einen Gegenstand aus dem Haufen. Er oder sie hält ihn hoch und der Besitzer/die Besitzerin ruft: „Meins!" Der Besitzer/die Besitzerin muss nun eine Aufgabe erfüllen, z. B. Wasser in eine kleine Flasche füllen, ohne zu kleckern, ein Rätsel lösen oder einmal auf einem Bein um den Kinderkreis herumhüpfen.

Gelingt dieses, bekommt der Spieler sein Pfand zurück und setzt sich wieder dazu. Gelingt es nicht, wählt das nächste Kind ein Pfand aus, und der Mitspieler muss stehen bleiben, bis sein/ihr Pfand erneut in die Höhe gehalten wird.

Warum vergessen Elefanten nie etwas?
Weil ihnen nie jemand was erzählt.

KOFFERPACKEN

Ein lustiges „Denksportspiel":

Die Kinder sitzen im Kreis, und eines von ihnen
beginnt mit „Ich packe meinen Koffer und nehme
mit ... eine Zahnbürste." Das nächste Kind fügt
etwas hinzu: „Ich packe meinen Koffer und nehme
mit ... eine Zahnbürste und ... ein Handtuch."
Jeder Mitspieler fügt etwas hinzu, und so wird
die aufzusagende Reihe stets länger. Derjenige
Mitspieler, der einen der Gegenstände in der Reihe
zu nennen vergisst, scheidet aus. Am Schluss
bleibt ein Gewinner übrig.

KOPF UND SCHWANZ

Die Spieler sitzen im Kreis. Der erste Spieler sagt
ein Wort, das aus zwei Hauptwörtern besteht, zum
Beispiel „Rathaus". Der nächste Spieler muss nun,
bevor ein anderer Spieler laut bis 10 gezählt hat, ein
Wort nennen, das ebenfalls aus zwei Hauptwörtern
besteht und mit dem letzten Hauptwort des vom
vorigen Spieler genannten Wortes beginnt. Er sagt
also zum Beispiel „Haustür", und der folgende
Spieler „Türklingel". Und so geht es immer weiter.

ZAHLENRÄTSEL

Ein Rätsel für die Schlauberger unter deinen Enkeln.

Ein Kaufmann sagt zu einem anderen Kaufmann: „Gib mir eines deiner Pferde, dann haben wir beide gleich viele." Der andere antwortet: „Gib du mir lieber eines von deinen, dann habe ich zweimal so viele wie du."

Wie viele Pferde hat jeder Kaufmann?
Antwort: Der eine 5, der andere 7.

SEIFENBLASEN

Benötigt werden:
Topf oder Kübel
Wasser
Geschirrspülmittel
Ein Spritzer Glyzerin
Seifenblasenstiel oder Eisendraht

Seifenblasen sind eine faszinierende Beschäftigung für Kinder. Da gleiten sie dahin, die großen und kleinen Blasen, in märchenhaften Farben. Sie platzen entzwei oder bleiben eine kleine Weile am Leben.

Gieße ungefähr 1,5 Zentimeter Wasser in einen Topf oder Kübel und füge einige Spritzer Geschirrspülmittel hinzu. Rühre Wasser und Geschirrspülmittel ganz vorsichtig durch: Mache so wenig Schaum wie möglich! Superseifenblasen bekommst du, wenn du der Lauge einen Spritzer Glycerin hinzufügst. Tauche den Seifenblasenstiel in das Seifenwasser und ... einfach blasen. Wenn du keinen Seifenblasenstiel im Haus hast, geht es auch mit einem Eisendraht: Knipse ein Stückchen Draht ab und drehe es oben zu einer Schlaufe zusammen.

Den schon etwas älteren Enkelkindern kannst du erzählen, dass Gelehrte Seifenblasen unter dem Mikroskop studiert haben. Seifenblasen gehören zu den dünnsten Objekten, die noch wahrgenommen werden können: Eine Seifenblase ist fünftausend-mal dünner als ein Kopfhaar. Und ob du es glaubst oder nicht, es ist Wissenschaftlern gelungen, eine Seifenblase zwei Jahre am Leben zu halten!

BLUMENSPRACHE

Eine rote Rose. Jede Großmutter weiß noch, was das bedeutet. Die bekommst du von deinem Liebsten! Eine rote Rose ist das Symbol der Liebe. Aber es gibt noch mehr Blumen und Gewächse mit einer Bedeutung. Es ist schön, deinen Enkeln davon zu erzählen. Hast du sie vergessen? Hier sind sie:

Die Rose: Liebe
Die Lilie: Unschuld
Der Lorbeerzweig: Ruhm
Das Veilchen: Bescheidenheit
Die Brennnessel: Neid
Die Kornblume: Standhaftigkeit
Der Palmenzweig: Sieg
Der Rittersporn: Ehre
Der Aronstab: Reue
Der Eichenzweig: Kraft

FARBENSPRACHE

Die Sprache der Farben, niemand weiß, wer sie erfunden hat. Doch fast jede Oma, ob jung oder alt, kann den Reim noch aufsagen oder singen. Und ihre Enkel, insbesondere die Mädchen, finden ihn toll:

Die Liebe ist rosa,
die Treue ist blau,
gelb ist der Hass,
und die Schmach, die ist grau.

Grün ist die Hoffnung,
die Leidenschaft rot,
weiß ist die Unschuld,
und schwarz ist der Tod.

Was ist dreckig, wenn es weiß ist,
und sauber, wenn es schwarz ist?
Eine Tafel.

WIESENBLUMENSTRAUSS

Benötigt werden:
scharfes Messer
Plastiktüte oder feuchter Waschlappen

Die Feldwege hinauf, die Alleen entlang ... mit dem
Rad oder zu Fuß. Es ist Juni und es scheint, als ob
alles, was lebt, ein Fest feiert. Hummeln, Bienen,
Käfer, Schmetterlinge, Raupen, Grillen und Frösche
führen summend und jubilierend ihr Sommerspiel
auf. Wegesränder und Weiden sind eingefärbt
von fünfzig verschiedenen Arten von Wildblumen.
„Dürfen wir sie pflücken?" – „Natürlich!", ruft Oma,
„mit Ausnahme der geschützten Blumen, von denen
es nur noch sehr wenige gibt."
Nehmt auf eure Streifzüge eine feuchte Plastiktüte
oder einen feuchten Waschlappen mit, um die
Wiesenblumen vor dem Austrocknen zu schützen;
und ein Messer für die zähen Stiele. Ein langes Leben
ist einem Feldblumenstrauß nicht beschieden. Der
Sauerampfer ist schön in einem Strauß, verwelkt
jedoch schnell. Etwas langlebiger sind Wiesenkerbel,
Butterblumen, Margeriten, Malven und Gräser. Na
ja, letztlich geht es doch vor allem um den schönen
Sommertag, und ein Feld- und Wiesenstrauß gibt
ihm die besondere Note.

Tipp: Wiesenblumen sind durstig. zweimal täglich Wasser
nachfüllen. Auch etwas Blumendünger kann nicht schaden.

FALLSPIELE

Das Schöne an diesen zwei Liedern ist, dass die
Kinder am Ende auf ihre Popos fallen:

Hoppe, hoppe, Reiter,
wenn er fällt, dann schreit er.
Fällt er in den Graben,
fressen ihn die Raben.
Fällt er in die Hecken,
fressen ihn die Schnecken.
Fällt er in das Wasser,
macht er sich noch nasser.
Fällt er in den Sumpf,
macht der Reiter PLUMPS!*

Auch bei diesem Lied fallen die kleinen Kinder am
Ende auf den Popo:

Ich wippe und wippe,
ich kippe und kippe,
ich wippe und kippe immer noch –
rumms du sitzt im Kellerloch!*

* Kind auf dem Schoß halten und wippen, bei „Plumps" bzw.
„rumms" durch die Beine rutschen lassen (aber festhalten!).

Warum haben Elefanten so viele Falten?
Hast du jemals versucht, sie zu bügeln?

ÜBERRASCHUNGS-MELONE

Benötigt werden:
Eine reife Melone und Sommerfrüchte

Was schmeckt leckerer an einem Sommertag als eine reife Melone! Herrlich, wie der Saft das Kinn hinuntertropft. Mit einem speziellen Melonenlöffel kannst du Kügelchen ausstechen und diese mit Schinken servieren. Überraschender ist es, wenn du die Kappe von der Melone abschneidest und die Melone vorsichtig aushöhlst. Das Fruchtfleisch kommt in eine Schale und wird danach vermischt mit Erdbeeren, roten Beeren, Stückchen von Äpfeln, Birnen, Pfirsichen und was es noch so alles beim Obsthändler gibt. Das alles füllst du wieder in die Melone, bis sie fast überquillt. Die Kappe kommt als Deckel locker wieder oben drauf, denn dann kann eine kleine Staude roter Beeren herausgucken. „Kinder, Überraschungsmelone!", ruft Oma – und das braucht sie nicht zweimal zu sagen.

Was ist ein Vulkan?
Ein Berg mit Schluckauf.

KINDERBIER

Benötigt werden:
5 l Wasser
5 Dolden vom Holunder
2 dl Essig
500 g Zucker
1 Zitrone, in Scheiben geschnitten

Vielleicht besitzt du selbst keinen Holunderbusch, aber höchstwahrscheinlich kennst du jemanden, der einen solchen Strauch im Garten stehen hat, oder du findest einen wilden Holunder. Auf jeden Fall kannst du aus den würzig schmeckenden Schirmdolden ein herrliches „Bier" für deine Enkel brauen:
Gib die Zutaten in einen Kübel oder Eimer und stelle ihn an einen kühlen Platz. Zweimal am Tag muss kurz umgerührt werden. Nach vier Tagen ist das Fliederbier fertig und kann (nachdem es gesiebt wurde) in Flaschen gefüllt werden. An einem kühlen Platz bleibt das Getränk mindestens eine Woche haltbar.

HEXENSPIEL

Benötigt werden:
Eine weiche Schnur von 1,5 bis 2 m Länge

Zweifelsohne haben es alle Omas in ihrer Jugendzeit
gespielt, das Hexenspiel, bei dem ein an den
Enden zusammengeknotetes Stückchen Schnur
zwischen den Fingern gewoben wird. Das Spiel
ist jahrhundertealt und hat seinen Ursprung
wahrscheinlich im Fernen Osten.
Bei uns spielte man es vor allem während der langen
Winterabende, wobei das Spiel oft von Liedern und
Reimen begleitet wurde.
Zu Anfang heißt es, sich kurz an die Anleitungen zu
gewöhnen. Hierbei werden folgende Bezeichnungen
verwendet:

1. *Daumenfaden*
2. *hinterer Daumenfaden*
3. *vorderer Kleiner-Finger-Faden*
4. *hinterer Zeigefingerfaden*
5. *hinterer Kleiner-Finger-Faden*

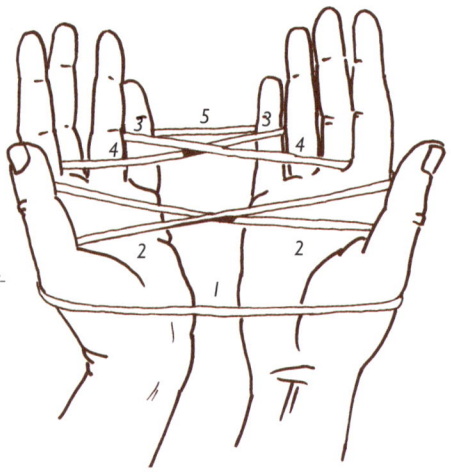

Die Anfangsstellung

Auf diesen Seiten ist eine der herkömmlichsten
Anfangsstellungen abgebildet. Ausgehend von dieser
Figur kannst du viele Variationen ausprobieren.
Wickle den Faden, wie in Abbildung 1 gezeigt, um
deine Hände. Mit dem rechten Zeigefinger wird der
Faden zwischen kleinem Finger und Daumen der
linken Hand abgenommen (Abb. 2 und 3).

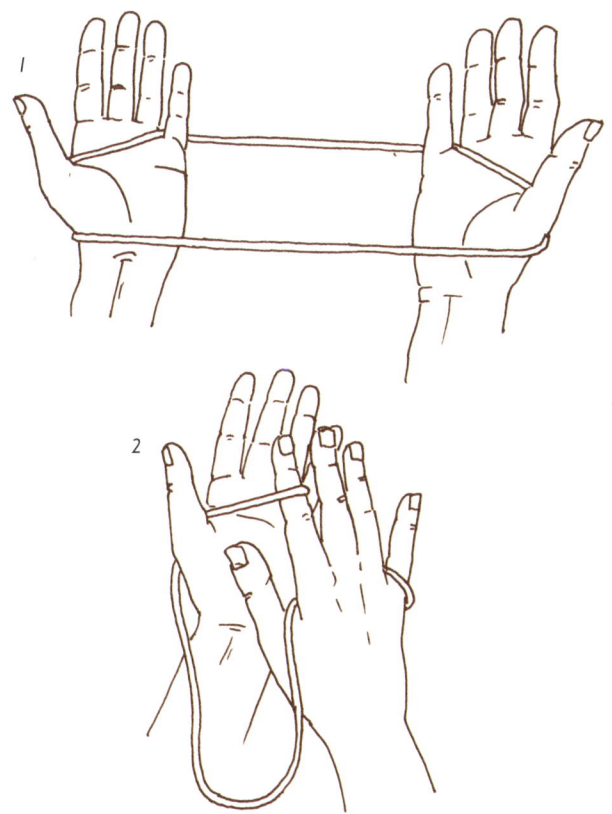

Genauso verfährst du nun mit dem Zeigefinger der
linken Hand (Abb. 4).
Bewege deine Hände mit gespreizten Fingern
auseinander, und du erhältst die Öffnung (Abb. 5).

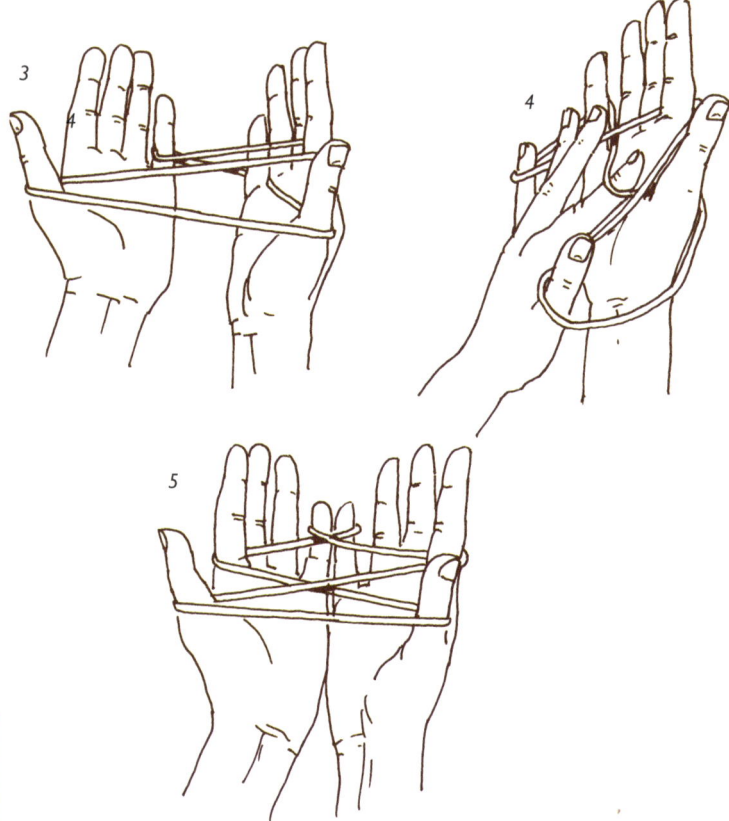

Die Anfangsstellung ist nicht schwer. Du musst
nur darauf achten, dass du mit der rechten
Hand beginnst. Tust du es nicht, kreuzen sich die
Fäden verkehrt herum, sodass du beim Bilden der
nachfolgenden Figuren Schwierigkeiten bekommst.

Tasse und Untertasse

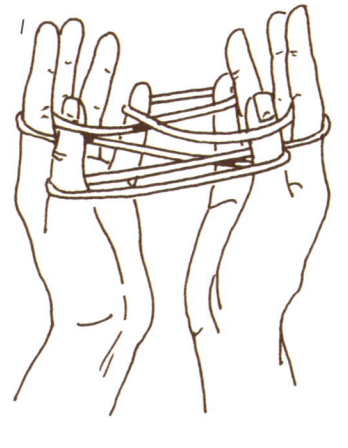
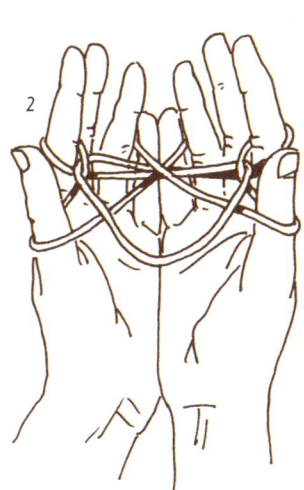

Ausgehend von der Anfangsstellung biegst du beide Daumen
unter den hinteren Zeigefingerfäden durch (Abb. 1)
und ziehst diese nach vorne.
Hebe den Daumenfaden über beide Daumen und
die hinteren Zeigefingerfäden, die nun auch um die
Daumen gewickelt sind (Abb. 2).

Dem routinierteren Spieler wird die letzte Bewegung
unter dem Namen Navajosprung bekannt sein.
Dies ist eine Bewegung, bei der eine Schlaufe oder
ein Faden über eine höhersitzende Schlaufe oder
einen Faden „springt" und danach frei wird. Es
gibt viele Arten, diesen Sprung auszuführen; am
Einfachsten ist es, den Daumenfaden mit dem Mund
über die oberen Fäden zu heben und frei zu lassen.

Nach diesen Schritten hast du nun die Figur in Abbildung 3 erhalten. Jetzt befreist du deine kleinen Finger, indem du den vorderen und hinteren Faden um die kleinen Finger über die kleinen Finger hebst (Abb. 4).

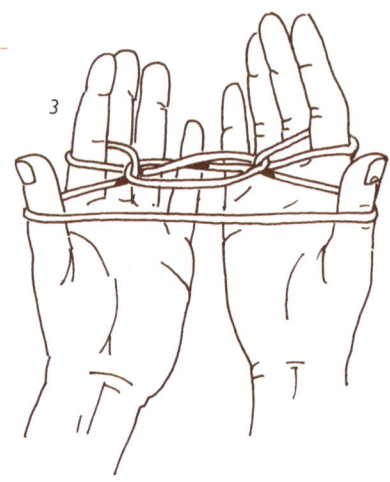

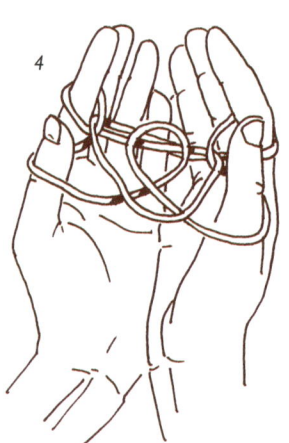

Tasse und Untertasse sind nun fertig. Um sie richtig schön zur Geltung zu bringen, hebst du beide Schlaufen von den Mittelfingern auf die kleinen Finger und führst beide Hände mit gespreizten kleinen Fingern und Daumen auseinander (Abb. 5).

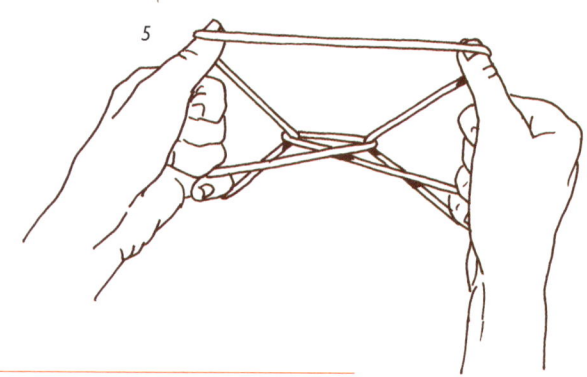

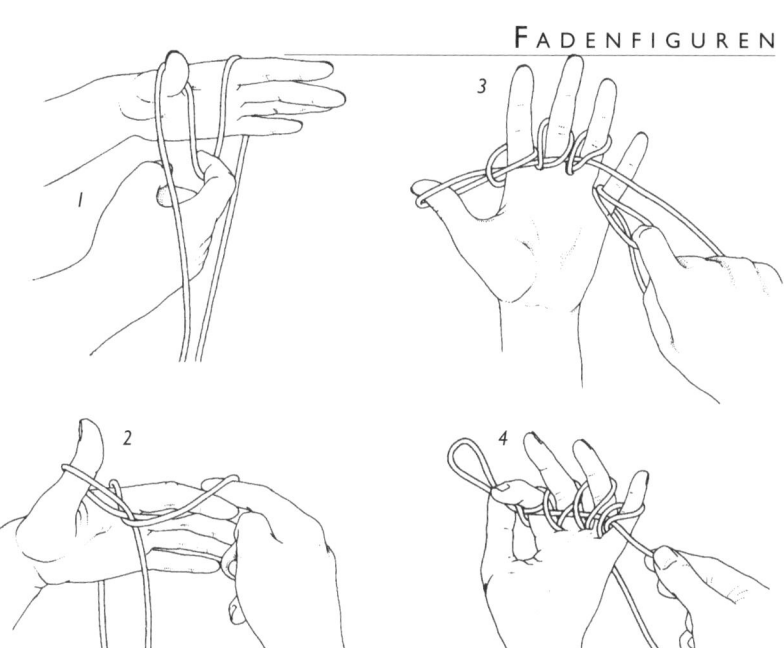

Die Maus

Hänge den Faden über deine Hand und ziehe ihn
zwischen Daumen und Zeigefinger nach unten
(Abb. 1). Stecke deinen Zeigefinger durch die Schlaufe,
drehe sie eine halbe Drehung und lege die Schlaufe
danach um deinen Zeigefinger (Abb. 2). Stecke danach
den Zeigefinger der rechten Hand durch den vorderen
Faden zwischen Zeige- und Mittelfinger und hebe ihn
über den hinteren Faden deines linken Zeigefingers.
Wiederhole dieses mit allen anderen Fingern. Das ist
ein wenig wie Fingerhäkeln (Abb. 3). Wenn du alle
fünf Finger auf diese Art „aneinandergehäkelt" hast,
schiebst du die Schlaufen an den Fingern nach unten.
Lasse die Daumenschlaufe frei, ziehe am Ende des
Fadens – und die Maus entkommt (Abb. 4).

HÄNDCHENSPIEL

Benötigt werden:
vier oder mehr Hände

Ein altes Kinderspiel geht so: Ein Kind legt dem anderen seine Hand auf die Hand, dieses tuts ihm nach und immer so weiter ohne Unterlass, denn jedes Mal, wenn alle vier Hände übereinanderliegen, wandert die unterste obenauf.

Es gibt kein Kind auf der ganzen Welt, das dieses Spiel nicht mag.

Was hat einen Hals, aber keinen Kopf?

Eine Flasche.

Hat rote und schwarze Streifen – was ist das?

Ein Zebra, das zu lange in der Sonne gelegen hat.

DECKCHEN SCHNEIDEN

Benötigt werden:
weiße oder bunte Papierblätter
spitze Schere

Die Omas der heutigen Omas häkelten immerzu
schöne Deckchen, die dann sonntags auf den Tisch
gelegt wurden, um dem Kaffeetrinken eine festliche
Note zu geben. Solche Deckchen bekommt man nur
noch für teures Geld auf Antik- oder Trödelmärkten.
Es ist jedoch gar nicht schwer, ähnliche Deckchen
selbst zu machen. Nimm ein Blatt Papier von
ungefähr 40 x 40 cm. Falte dieses zunächst in
vier Teile und danach in einer Spitze zulaufend,
wie auf der Zeichnung zu sehen. Nun kann das
Ausschneiden beginnen. Schneide mit einer scharfen
Schere schöne Figuren entlang des Randes zur Spitze
oder in der Mitte. Lasse deiner Fantasie freien Lauf.
Solltest du Lust auf eine Runde Kartenspiel haben,
verwende die Kartensymbole und ein grünes Blatt
Papier. Wenn du mit dem Ausschneiden fertig bist,
falte das Blatt Papier auseinander und streiche es
glatt.

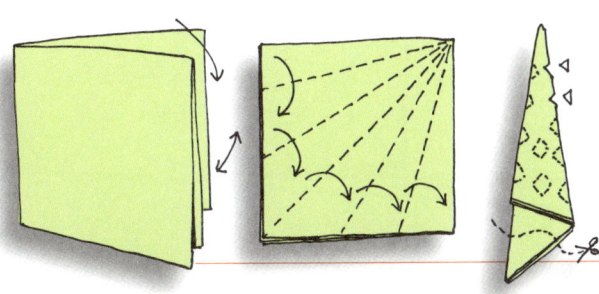

DER KRANICH (GRUNDFORM)

Benötigt wird:
Papier

Tja, dies ist jetzt natürlich ein anderes Niveau als das Falten von Servietten, das an anderer Stelle in diesem Buch beschrieben wurde – aber es ist der Mühe wert, es einmal auszuprobieren. Wir fangen mit der Grundform an. Aus ihr können viele Vögel gefaltet werden.

1. Falte ein quadratisches Blatt in der Mitte und knicke danach beide Ecken um. Eine nach vorne, eine nach hinten.

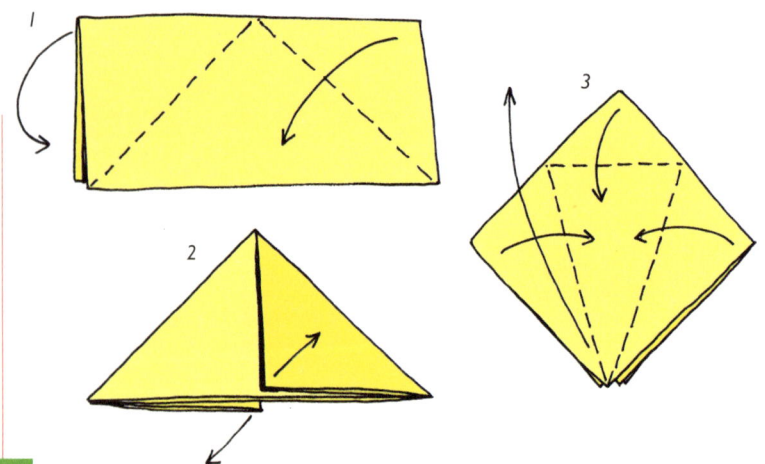

2. Das Dreieck gemäß den Pfeilen auffalten und das Ganze sorgfältig flachdrücken, dann die Knicke noch einmal nachstreichen.

3. Drei der Flächen entlang der gestrichelten Linie nach innen und die untere Spitze der obersten Lage wieder nach oben falten – wie es die Pfeile zeigen.

4. Die Figur flachdrücken und das Gleiche mit der Spitze der unteren Lage wiederholen (siehe Pfeil).

5. Dies nun also ist die Grundform des Kranichs.

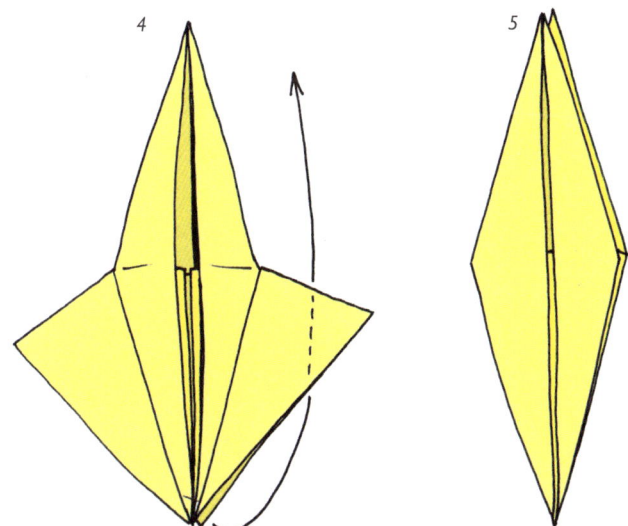

DER KRANICH (VERSION 1)

1. Von der Grundform die Seiten entlang der gestrichelten Linie falten. Zwei Laschen nach vorne und zwei nach hinten.

2. Zunächst die zwei unteren Spitzen entlang der Strichellinie nach vorne und wieder zurück falten und dann mit einer „entgegengesetzten" Falte wieder nach oben.

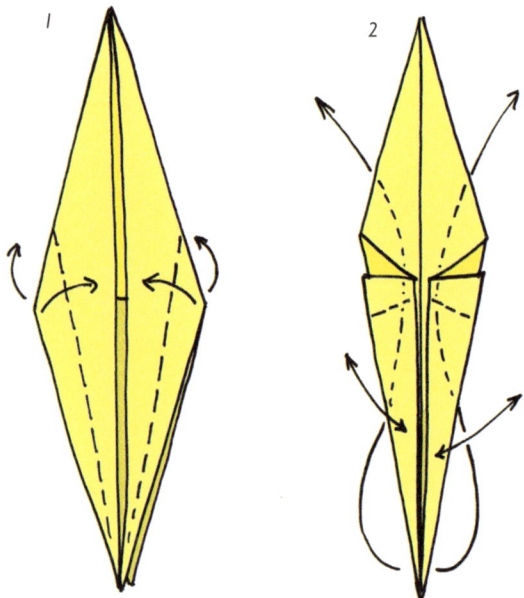

3. Jetzt den Kopf, die linke Lasche, mit einer „entgegengesetzten" Falte nach unten biegen. Die Flügel gemäß den Pfeilen nach außen klappen.

4. Den zum Vorschein kommenden Körper ein wenig auseinanderziehen.

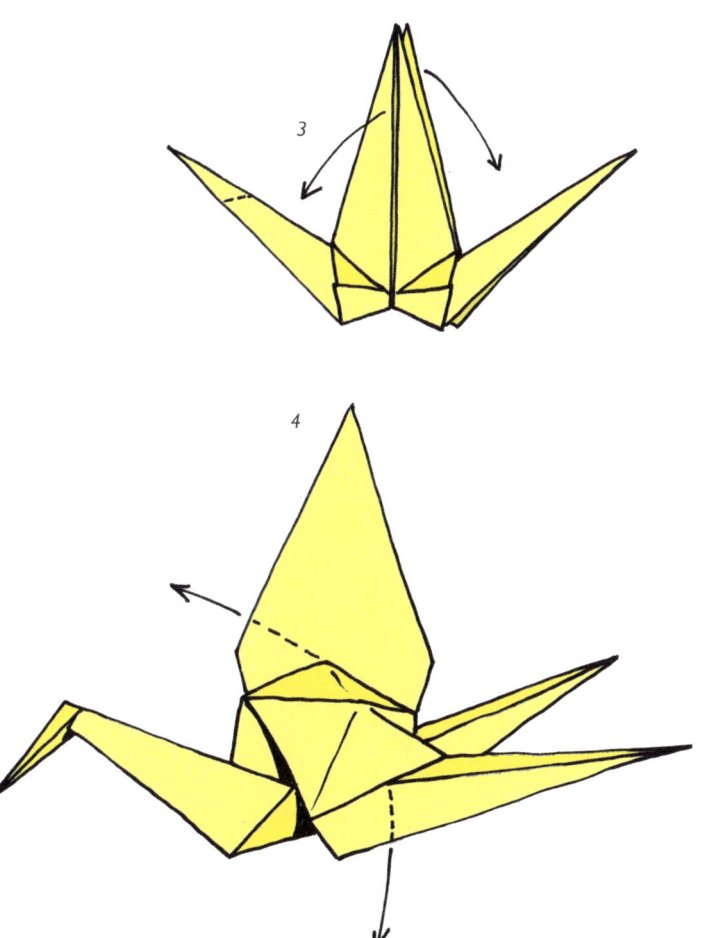

DER KRANICH (VERSION II)

1. Von der Grundform die linke Seite an beiden Kanten entlang der gestrichelten Linie umknicken. Die rechte Seite – nachdem sie entlang der gestrichelten Linie nach vorne und wieder zurück gefaltet wurde – mittels einer „entgegengesetzten" Falte nach rechts knicken.

2. Die linke Seite, nachdem auch sie entlang der gestrichelten Linie nach vorne und wieder zurück gefaltet wurde, ebenfalls mit Hilfe einer „entgegengesetzten" Falte nach links knicken. Dann von der rechten Seite die Kanten entlang der Strichellinie nach innen falten.

3. Jetzt noch zwei „entgegengesetzte" Falten: eine an der Seite des Kopfes und eine an der Seite der Füße.

4. Entlang der gestrichelten Linien die Flügel nach außen biegen.

5

5. Nun noch die Spitze auf dem Rücken wie eine Art Briefumschlag dicht falten – fertig ist die Edelversion des Kranichs.

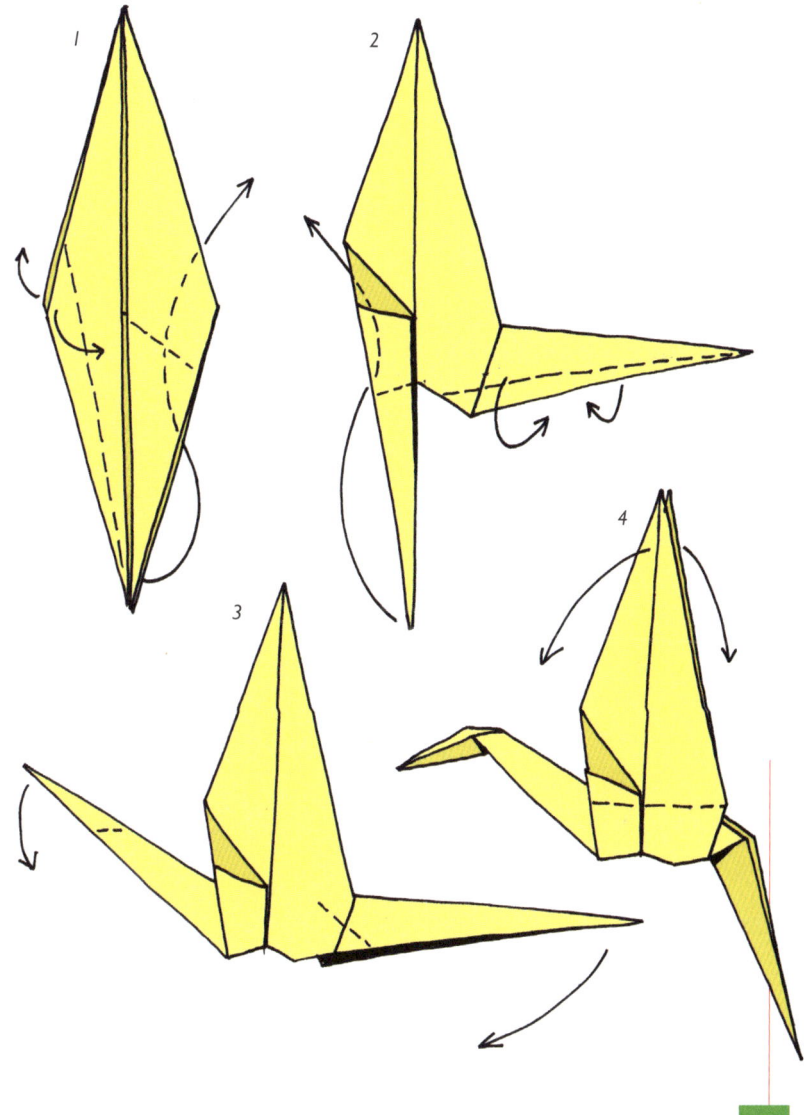

FINGERABZÄHLREIME

Benötigt wird:
eine Kinderhand

Abzählreime helfen die Finger auseinanderzuhalten:

Dies ist der Daumen,
der schüttelt die Pflaumen (Zeigefinger),
der hebt sie auf (Mittelfinger),
der trägt sie nach Haus (Ringfinger),
und der kleine Lümmel isst sie alle alleine auf
(kleiner Finger).

oder:
Alle meine Fingerlein wollen heute Tiere sein
(mit allen Fingern in der Luft wackeln).

Dieser Daumen ist das Schwein, dick und fett und ganz
*   allein.*
Zeigefinger ist die Kuh, die schreit immer „muh, muh,
*   muh".*
Mittelfinger ist das Pferd, von dem Reiter wohl geehrt.
Ringfinger ist der Ziegenbock mit dem langen Zottelrock.
Und das kleine Fingerlein, das soll unser Lämmlein sein.
Tierlein, Tierlein im Galopp, laufen alle hopp, hopp, hopp,
laufen in den Stall hinein, denn es wird bald finster sein.

(Anleitung: ab „Tierlein, Tierlein … wandern die Finger über
die Arme zur Achselhöhle und werden dort bei „es wird bald
finster sein" versteckt!)

HARMONIKAZEICHNEN

Benötigt werden:
Papier
Bleistifte, Stifte usw.

Anzahl Spieler: **zwei oder drei**

Auch sehr beliebt bei den Kindern: Zu zweit oder zu dritt gemeinsam – und doch jeder für sich – eine Zeichnung machen:

Ein Blatt in drei gleiche Teile falten – wie eine Ziehharmonika (vgl. Abbildung). Das erste Kind zeichnet auf seinem Drittel einen Kopf, aber zeigt ihn den anderen nicht. Das zweite Kind zeichnet Arme und Körper, das dritte Beine und Füße. Achtet darauf, dass der Nächste jeweils gerade noch erkennen kann, wo der andere aufgehört hat.
Das Ergebnis sorgt immer für Heiterkeit.

SCHATTENSPIELE

Benötigt werden:
eine helle Lampe
eine weiße Wand
zwei Oma-Hände

„Als wir noch keine DVD-Player hatten, dafür aber
Zauberlaternen – nun ja, das wird Oma jetzt nicht
im Einzelnen ausführen ... Auf jeden Fall vergnügten
wir uns damals mit Schattenspielen an der Wand.
Und die machen noch immer Spaß! Guckt mal!"

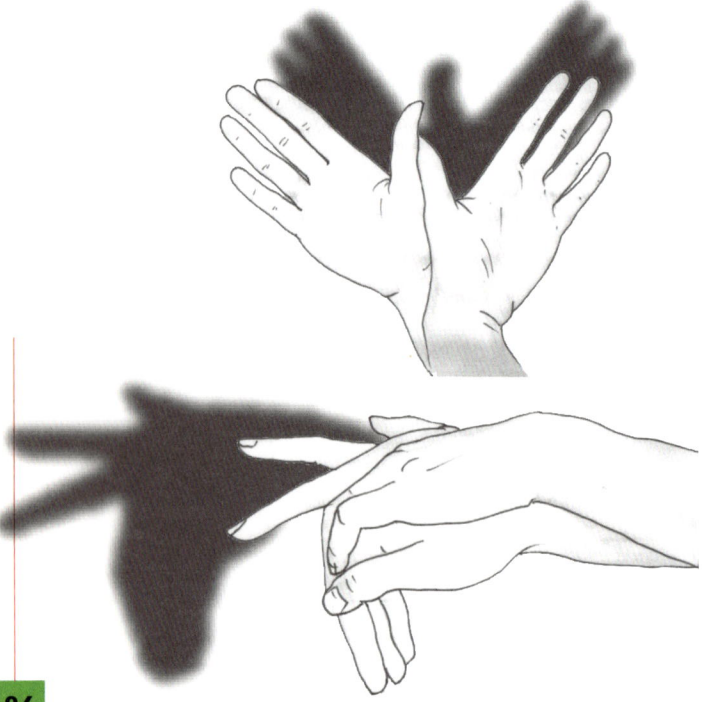

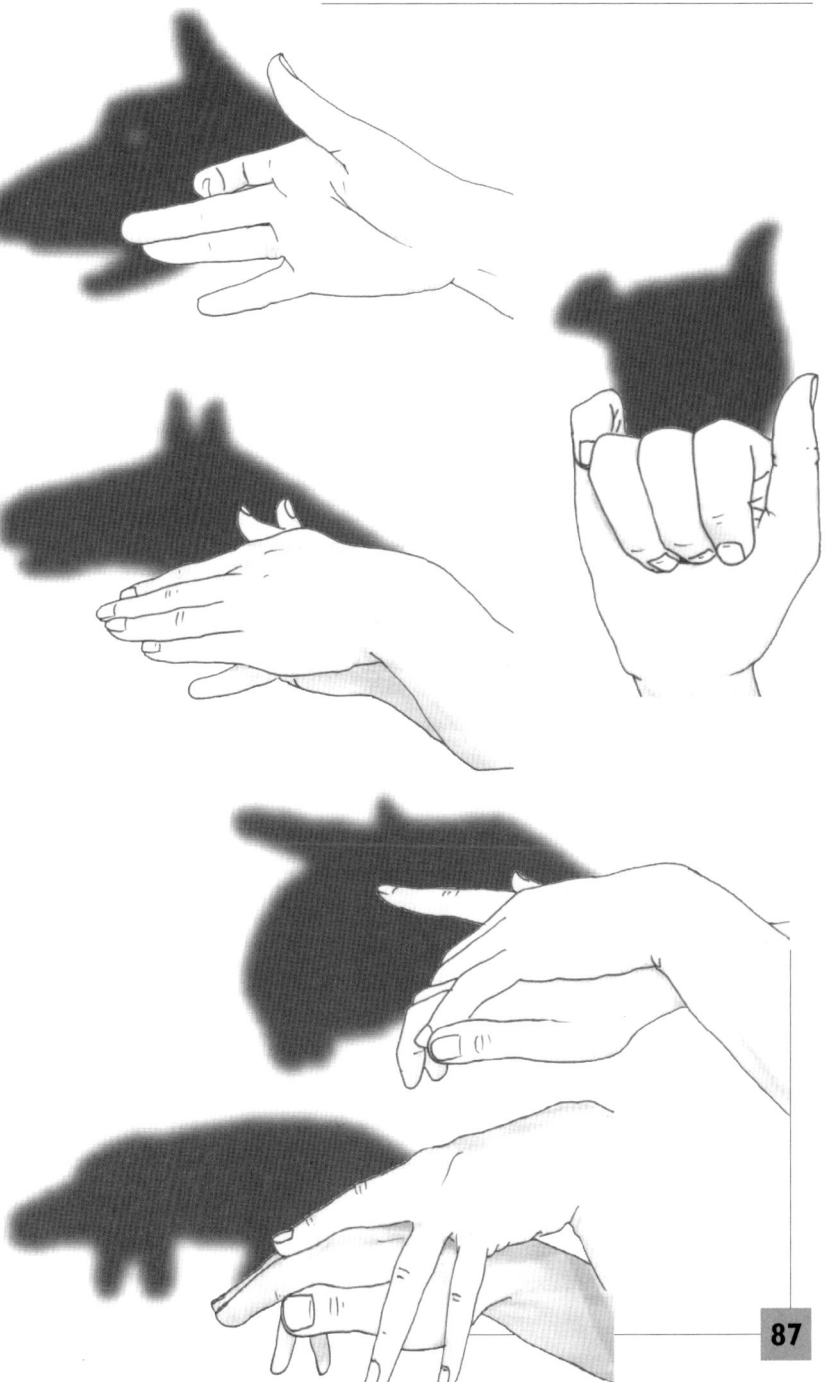

GIRLANDE

Benötigt werden:
Papierstreifen
Klebstoff

Auch so eine witzige Bastelei von früher:
Man nehme zwei Papierstreifen (ich nenne sie hier
der Einfachheit halber A und B) und klebe sie an
einer Seite rechtwinklig aufeinander. Nun A über B
falten, danach B über A und dann ... richtig: immer
so weiter.
Am Ende die Streifen ebenfalls aneinanderkleben.
Und fertig ist die Girlande!
Und jetzt? Aus solchen Girlanden lassen sich zum
Beispiel Beine, Füße oder – wie in unserem Beispiel –
ein Schlangenkörper machen. Der Fantasie sind
keine Grenzen gesetzt.

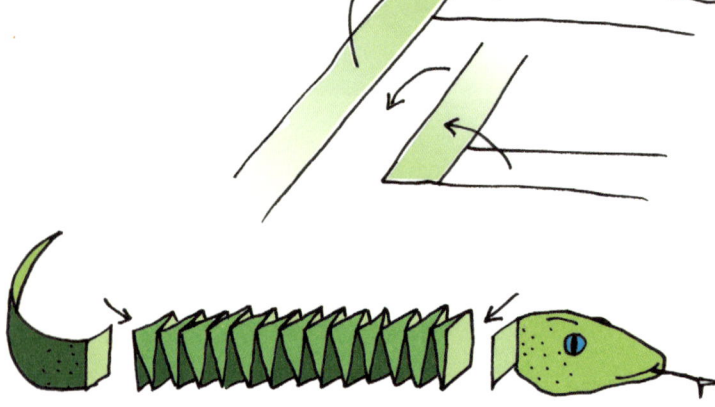

SCHWARZER PETER

Benötigt werden:
1 Kartenspiel
4 bis 8 Spieler

„Schwarzer Peter" ist neben Quartett das am weitesten verbreitete, weil lustigste Kartenspiel für Kinder. Es besteht meistens aus 31 Karten, nämlich dem Schwarzen Peter und 15 Kartenpaaren. Anstelle von speziellen „Schwarzer-Peter"-Spielkarten kann

man ebenso gut ein Paket traditioneller Karten
mit einem Joker verwenden. Der Karo-Bube wird
aus dem Spiel genommen. Der einzige im Spiel
verbleibende Bube ist der Pik-Bube, und der wird
Schwarzer Peter genannt.

Die Karten werden gemischt und gleichmäßig an die
Spieler verteilt. Jeder schaut seine Karten an und legt
Paare, die gebildet werden können (zwei Achten von
einer Farbe, zwei Herzen einer Farbe usw.) offen auf
den Tisch.

Nun beginnt das Kartenziehen: Das jüngste Kind
oder das Kind, das die meisten Karten hält, zieht aus
dem Blatt seines Nachbarn zur Linken eine Karte und
steckt sie zu seinem Blatt. Kann es mit dieser Karte
ein Paar bilden, so legt es dieses wieder auf den
Tisch. Danach lässt dieses Kind seinen Nachbarn eine
Karte ziehen, und das Ritual wiederholt sich.

Das Spiel wird so lange fortgesetzt, bis alle Paare
abgelegt und einem Spieler als einzige Karte der
Pik-Bube – der „Schwarze Peter" – in der Hand bleibt
(der kein Paar mit dem Karo-Buben bilden kann, weil
dieser ja aus dem Spiel genommen wurde). Dieser
Spieler ist der „Schwarze Peter" und erhält die vorher
vereinbarte Strafe – etwa einen schwarzen Punkt auf
Stirn, Nase oder Wange.

MEMORY

Benötigt werden:
1 oder 2 Kartenspiele
2 bis 8 Spieler

Auch dieses beliebte Gesellschaftsspiel kann statt
mit speziellen Memorykarten ebenso gut mit
normalen Spielkarten gespielt werden. Und dies
sogar auf verschiedene Arten. Meistens wird das
Spiel mit zwei Kartenspielen (also mit 104 Karten)
gespielt. Wenn keine zwei Spiele zur Hand sind, kann
Kartenmemory auch mit einem Satz Karten gespielt
werden.

Die folgende Beschreibung geht von zwei
Kartenspielen aus. Die Anzahl Spieler kann variieren.
Und so gehst du vor: Breite alle Karten auf dem
Tisch aus, ohne ein Muster zu bilden, also schön
durcheinander und mit der Rückseite nach oben.
Bestimme nun durch Losen (oder mittels
Abzählreim, vgl. S. 14/15), wer anfangen darf.
Diese(r) nimmt zwei Karten auf und dreht sie
um, sodass sie auch die Mitspieler sehen können.
Angenommen – auch wenn dies ein großer Zufall
wäre! –, es sind zwei Karo-Buben: Die Spielerin/
der Spieler hat dann sofort ein Pärchen. Und Sinn
des Spiels ist es, so viele Pärchen wie möglich zu
bekommen. Sehr viel wahrscheinlicher ist, dass zwei

unterschiedliche Karten gezogen wurden, z. B. eine Herz-Vier und eine Karo-Acht. Nachdem alle Spieler die beiden Karten gesehen haben, werden sie, mit der Rückseite nach oben, wieder auf den Tisch zurückgelegt. Nimmt später einer der Mitspieler ebenfalls eine Karo-Acht auf und erinnert sich, wo die andere Karo-Acht liegt, die anfangs vom ersten Spieler umgedreht wurde, dann nimmt er/sie diese Karte auf und erhält so ein Pärchen mit zwei Karo-Achten.

Memory ist ein einfaches Spiel also, bei dem es vor allem auf Konzentration und ein gutes Gedächtnis ankommt. Wer am Ende die meisten Pärchen hat, hat gewonnen.

Wird Memory mit nur einem Satz Karten gespielt, werden Pärchen von einer Farbe gesammelt – also eine Karo-Sieben und eine Pik-Sieben, eine Karo-Vier und eine Herz-Vier usw.

Wie ist der Elefant aus dem Auto gekommen?

Auf die gleiche Art, wie er hineingekommen ist.

DOMINO

Benötigt werden:
1 Kartenspiel
3 bis 6 Spieler

Für Domino wird ein komplettes Kartenspiel mit
52 Karten benötigt. Alle Karten werden verteilt,
was bedeutet, dass einige Spieler eine Karte mehr
bekommen können als andere.

Der Spieler, der im Uhrzeigersinn direkt neben dem
Geber sitzt, kommt raus und legt eine Karte, die
ihm/ihr am besten passt, offen auf den Tisch.
Angenommen, dies ist die Karo-Sieben, so muss der
folgende Spieler nun eine Sieben von einer anderen
Farbe anlegen oder eine Karo-Sechs oder Acht (ein
passendes Karo also).

Kommt er/sie mit einer Sieben einer anderen Farbe
heraus, muss diese mit der schmalen Seite gegen
die schmale Seite der Karo-Sieben gelegt werden;
kommt er/sie mit der Karo-Sechs oder -Acht heraus,

muss die lange Seite angelegt werden. Hat ein
Spieler die geforderte Farbe nicht, muss er/sie
passen. Man muss sich aber jedes Mal bekennen –
man darf also nicht passen, wenn man anlegen
kann.

Waren alle Spieler an der Reihe, beginnt eine
neue Runde, so lange, bis einer der Spieler alle
Karten abgelegt hat. Natürlich ist er (oder sie) der
Gewinner.

Es kann von vornherein festgelegt werden, dass
pro Zug nur eine Karte gespielt werden darf; oder
die Spieler können festlegen, dass pro Zug so viele
Karten wie möglich gelegt werden dürfen.

Das Spiel kann auch mit einem halben Kartensatz
gespielt werden. Kann keine Karte angelegt werden,
muss eine Karte vom Stapel genommen werden.
Erst wenn auch dann noch nicht angelegt werden
kann, darf gepasst werden.

J. Botermans, F. v. Ark
Opa für Anfänger
ISBN 978-3-8303-6152-7

J. Botermans, F. v. Ark
Papa für Anfänger
ISBN 978-3-8303-6170-1

A. Gort, M. van Vugt
Mama für Anfänger
ISBN 978-3-8303-6175-6

Peter Butschkow
Überleben mit Kindern
ISBN 978-3-8303-3149-0

Peter Butschkow
Überleben als Oma
ISBN 978-3-8303-3161-2

Peter Butschkow
Überleben als Opa
ISBN 978-3-8303-3162-9

Die niederländische Originalausgabe erschien unter dem Titel: Super Oma.
© 2005 Uitgeverij Terra Lannoo. www.terralannoo.nl

Für die deutsche Ausgabe: 4. Auflage 2009
© 2008 Lappan Verlag • Postfach 3407 • D-26024 Oldenburg
www.lappan.de

Aus dem Holländischen übersetzt von Dr. Anja Blume
Lektorat: Peter Baumann

Printed in Germany

ISBN: 978-3-83303-6159-6

Der Lappan Verlag ist ein Unternehmen der Verlagsgruppe Ueberreuter, Wien.